Carl Georg Bruns

Das Wesen der Bona Fides bei der Ersitzung

Ein praktisches Gutachten nebst einem theoretischen Nachtrage

Carl Georg Bruns

Das Wesen der Bona Fides bei der Ersitzung
Ein praktisches Gutachten nebst einem theoretischen Nachtrage

ISBN/EAN: 9783744621717

Hergestellt in Europa, USA, Kanada, Australien, Japan

Cover: Foto ©Suzi / pixelio.de

Weitere Bücher finden Sie auf **www.hansebooks.com**

Das

Wesen der bona fides

bei der Ersitzung.

———— —

Ein practisches Gutachten nebst einem theoretischen Nachtrage

von

Dr. Carl Georg Bruns

Professor in Berlin.

Berlin, 1872.

Puttkammer & Mühlbrecht,
Buchhandlung für Staats- und Rechtswissenschaft
64 Unter den Linden.

Vorwort.

Es ist eine alte Erfahrung, daß ein einziger bedeutender Rechtsfall oft tiefere Blicke in das Wesen eines Rechtsbegriffes eröffnet, als eine ganze Reihe theoretischer Speculationen. Der ganze Reichthum und die Lebensfrische der römischen Jurisprudenz beruht vorzugsweise auf ihrem Herauswachsen aus dem practischen Leben und ihrer beständigen Verbindung mit demselben. Unsere moderne romanistische Wissenschaft, wenn sie auch an Tiefe der Speculation und wissenschaftlicher Form der römischen voraus ist, entbehrt doch gerade diese lebendige practische Anregung zu ihrem Nachtheile in hohem Grade. Sie unterliegt dadurch nicht selten der Gefahr, bei ihren Untersuchungen nicht über den Kreis von Gedanken und practischen Fällen hinauszukommen, die das allerdings reiche römische Quellenmaterial ihr bietet, die Rücksichten aber, die das practische Leben in seiner unerschöpflichen Triebkraft stets neu zu Tage fördert, nicht zu erfahren oder nicht zu beachten. Es handelt sich dabei nicht um den Vorwurf, den der Practiker der Theorie so oft macht, daß sie die Detailfragen, die ihm die Praxis bietet, nicht behandle, und ihn daher so oft rathlos dastehen lasse. Eine solche erschöpfende Casuistik ist überhaupt weder möglich noch Aufgabe und Ziel der Wissenschaft. Allein nicht selten giebt es Fälle, die gerade auf die Grundideen und Principien eines Rechtsbegriffes neue Schlaglichter werfen, indem sie Consequenzen aufdecken, die zu tieferer Erfassung seiner letzten Gründe führen, und für die Beurtheilung seines Wesens und seiner practischen Bedeutung neue Gesichtspunkte eröffnen. Solche Anregungen aus der Praxis zu ergreifen und vollständig auszunutzen, ist wesentliche Aufgabe für die Theorie und sollte sie sich nie entgehen lassen.

Erwägungen dieser Art haben die nachfolgende Schrift hervorgerufen. Der Begriff der bona fides ist mehrfach, besonders in neuerer Zeit, Gegenstand verdienstlicher Untersuchungen geworden, doch bewegen sich dieselben stets nur auf einem bestimmten hergebrachten Boden: sie nehmen die fides einfach als Glauben, und suchen aus den betreffenden Stellen der römischen Quellen zu bestimmen, was als der eigentliche Gegenstand des Glaubens anzusehen sei; die Frage nach der Entschuldbarkeit des Glaubens wird daneben je nach den Ansichten über die Grundsätze vom Irrthum entweder bejaht oder verneint. Der dem nachfolgenden Gutachten zu Grunde liegende Rechtsfall zeigt nun aber deutlich, zu was für unhaltbaren practischen Consequenzen der Standpunkt des subjectiven Glaubens führt, und wie die Hauptfrage bei der bona fides gar nicht die ist, was man glaubt, sondern vielmehr wie und warum man glaubt, ob leichtfertig oder redlich. Als die Hauptfrage für das Wesen der bona fides tritt dadurch die hervor, ob der letzte Grund des Begriffes im Glauben oder in der Gesinnung liege, ob fides Glaube oder Redlichkeit bedeute, und wenn letzteres, ob diese dabei in ihrer niedrigsten

Stufe nach dem Principe des reinen Subjectivismus als bloßes factisches Glauben, oder nach höherer ethischer Anforderung mit der Pflicht einer redlichen Ueberlegung aufzufaſſen ſei; und ferner, da beides ſich im römiſchen Rechte je bei Verträgen und Delicten findet, ob bei der Erſitzung der niedere oder der höhere Standpunkt eingenommen ſei; in Verbindung damit ſteht endlich die Frage, welchen Einfluß dabei der Unterſchied des factiſchen und rechtlichen Irrthums, und bei letzterem eine etwaige Rechtsbelehrung habe.

Wie man dieſe Fragen auch beantworte, jedenfalls be= kommt damit die Lehre vom Weſen der bona fides erſt ihren wahren allgemeinen Boden. Der Begriff iſt ein allgemein rechtlicher, ja ein allgemein ethiſcher, und muß daher weſentlich in dieſer Allgemeinheit erfaßt werden. Das Princip des ſub= jectiven Glaubens bei der Verjährung beruht auf demſelben Subjectivismus, der in andern Verhältniſſen jede fanatiſche Verblendung und bornirte Eingenommenheit für bona fides erklären und damit rechtfertigen will. Man darf den Begriff der bona fides bei der Verjährung nicht iſoliren, ſondern muß ſein Weſen an ſich aus ſeiner Geſammtſtellung im Rechte ent= nehmen, und kann erſt danach ſeine ſpecielle Anwendung bei der Verjährung beſtimmen und durchführen.

Aeußerlich iſt die nachfolgende Schrift aus einer Art von Schriftenwechſel durch Gutachten in dem oben erwähnten Rechts= ſtreite hervorgegangen. Zuerſt hatte ſich die eine Partei von Geheimerath Profeſſor v. Wächter in Leipzig ein Gutachten ertheilen laſſen, darauf die andere von mir. Wächter hat dann ein zweites Gutachten als Entgegnung auf das meinige abgegeben, und davon den Theil, der ſich auf das Weſen der bona fides bezieht, als ſelbſtändige Schrift veröffentlicht. Die

Antwort auf diese Schrift, insofern also eine Art Duplik, ist die nachfolgende Schrift, jedoch in folgender Weise: Ich habe zunächst mein früheres Gutachten vollständig und unverändert voraufgeschickt, nicht nur damit man den ganzen Fall übersehen könne, sondern namentlich weil die practischen Elemente, die dem Falle seine theoretische Bedeutung geben, nur in ihrem practischen Zusammenhange vollständig hervortreten und nach ihrer Bedeutung gewürdigt werden können. In der darauf folgenden theoretischen Ausführung habe ich dann aber von dem besondern Falle abstrahirt und die theoretische Frage selb=ständig behandelt, namentlich die Begründung der Resultate des Gutachtens in den römischen Rechtsquellen genauer, als es im Gutachten selber passend und nöthig schien, nachgewiesen. Die Einwendungen von Wächter sind dabei soweit nöthig berücksichtigt, doch habe ich es im allgemeinen für angemessener gehalten, durch eine zusammenhängende positive Beweisführung die Sache selber klar zu legen, als eine vollständige aber un=erquickliche und zersplitternde Polemik zu verfolgen.

Auf die Litteratur, die ältere wie die neuere, habe ich wenig Rücksicht genommen, weil bei einer so bis ins einzelnste durchgestrittenen Frage die Berufung auf Auctoritäten wenig Werth mehr hat. Hätte ich überhaupt Auctoritäten folgen wollen, so würde ich am liebsten der Auctorität meines Geg=ners, meines hochverehrten alten Lehrers, gefolgt sein. Allein wenn irgendwo, so muß vor allem bei wirklichen Rechtsstreiten der alte Satz vom amicus Plato rücksichtslos zur Anwendung kommen.

Die neueren Abhandlungen über die bona fides, die ich der Kürze wegen immer nur mit dem Namen des Verfassers und der Seitenzahl citirt habe, sind folgende:

VII

v. Savigny, im Systeme des heutigen römischen Rechts. Bd. 3. S. 368—377. (1840).

Stinzing, Das Wesen von bona fides und titulus. (1852).

v. Scheurl, Zur Usucapionslehre, in den Beiträgen zur Bearbeitung des röm. Rechts. Bd. 2. S. 29. (1854).

Schirmer, Zur Lehre von der bona fides und dem iustus titulus, in der Zeitschr. f. Civilrecht und Proceß. N. F. Bd. 15. No. VII. und IX. (1858).

Burckhard, Ueber den Begriff und Beweis der bona fides bei der Eigenthumsersitzung, in derselben Zeitschr. Bd. 21. No. IX. und X. (1864).

v. Wächter, Die bona fides, insbesondere bei der Ersitzung des Eigenthums. (1871).

Berlin, 24. Februar 1872.

Bruns.

Inhalt.

I. Gutachten.

II. Theoretische Ausführung.

I.

Gutachten.

Gutachten in der Rechtssache

des Premierlieutenants a. D. Herrn L. F. A. v. Metzsch gegen Se. Hoheit den Herzog Leopold Friedrich von Anhalt, Herausgabe des Rittergutes Collmenglin betreffend.

I. Veranlassung und Verlauf des Processes.

§. 1.

Am 25. August 1765 starb im Bade Gießhübel in Sachsen der Graf Carl Ernst v. Metzsch mit Hinterlassung eines Testamentes vom 1. August 1755 und eines Codicilles vom 1. October 1755, die beide zusammen von ihm am 17. October 1755 dem Stadtgerichte zu Dresden übergeben waren. In dem Testamente waren folgende Hauptbestimmungen enthalten, zuerst nach einer längeren Einleitung:

§. 1. Was mein zeitliches Vermögen betrifft, so setze ich, — da ich mich wieder zu verehelichen gemeynet, meine aus dieser und denen folgenden Ehen zu erzeugende Kinder — zu meinen Universalerben — ein, jedoch nicht höher als zum Pflichttheil. —

Nach näheren Anordnungen über diese Pflichttheile fährt das Testament fort:

§. 7. Alle mein übriges jetzt — und künftiges Allobialvermögen — soll zu einem ewigen — Fideicommisse zur Conservirung der gräflich und freiherrlich Metzsch'en Würde Namens und Wappens dergestalt ausgesetzt sein, daß —

Ueber die Succession in dieses Fideicommiß bestimmt das Testament dann weiter:

§. 8. In das Fideicommiß succediren nun zuvörderst meine etwa noch zu erzeugenden Söhne, — in der Weise, daß das Recht der Erstgeburt unter ihnen observirt werde.

1*

§. 9. Sollte ich aber keine Söhne hinterlassen, sondern nur Töchter, so fällt dieses Fideicommiß auf die älteste Tochter und deren Leibeserben.

Hierauf folgen nähere Bestimmungen über die Succession aller Descendenten, und dann fährt das Testament fort:

§. 12. Nach Abgang meiner Descendenten — soll das Fidei= commiß auf meinen Vetter C. W. v. Metzsch und dessen männ= liche Descendenz, — nach deren Abgang auf — F. C. v. M. und dessen Descendenz, — sodann aber nach deren Ableben auf dessen Agnaten transferiret werden, also daß —

Die übrigen Bestimmungen des Testaments kommen hier zunächst nicht weiter in Betracht. Ebenso sind von dem Codicille hier nur aus §. 1. und 2. die Aeußerungen hervorzuheben, die sich auf die Schwester des Testirers, die Frau v. W., beziehen:

§. 1. Obschon mir nicht unbekannt ist, daß nach meinem Tode sich Verschiedene finden werden, welche das — Fidei= commiß unter allerhand nichtigen Ausflüchten und Distinctions= krämereien zu untergraben sich bemühen werden, nachdem aber ich meinen — Kindern — nicht präjubicirt, — meinen übrigen Verwandten aber — nichts schuldig bin, sie sich auch gegen mich — nicht also aufgeführt haben, um ihnen — etwas zu= fließen zu lassen, als haben sie den dadurch zugezogenen Scha= den sich selbst zuzuschreiben. —

§. 2. Aus dieser Ursache disponire ich, — daß, da ich recht gezwungen worden, — mit meiner — Mutter Proceß — an= zustellen, auch den neueren Proceß wegen ihres fälschlich von der v. W. und Consorten producirten Testamentes zu erregen und fortzuführen, wenn ich den Ausgang — nicht erleben möchte, da die Widerspänstigkeit meiner Gegner insgesammt recht vom Zaune gebrochen, meine Kinder — diese gerechte Sache ohne Ausnahme eifrigst fortstellen sollen.

In den 10 Jahren, die der Graf nach Errichtung dieses Testa= mentes noch lebte, kam die beabsichtigte Wiederverheirathung nicht zu Stande. Er änderte das Testament aber nicht ab, wenigstens nur indirect insofern, als er im Jahre 1763 sein Haus in Dresden an die Tochter eines Herrn v. S. verkaufte, unter Vorbehalt des lebenslänglichen Nießbrauches an demselben für sich, aber unter Be= freiung desselben von dem Fideicommisse, und in gleicher Weise im

Jahre 1764 auch alle seine in dem Hause befindlichen Pretiosen, Mobilien und Obligationen an die sämmtlichen Kinder des Herrn v. S. verschenkte.

Bei seinem Tode war hierdurch der in Sachsen befindliche Theil seines Vermögens sehr beschränkt, die Hauptmasse bildete das in Anhalt=Zerbst belegene Rittergut Gollmenglin nebst 2 Hufen auf einer benachbarten Mark, und das Allobialvermögen auf zwei gleich= falls dort belegenen Lehngütern, Polenzko und Berenthofen. Die Erbprätenbenten für diese Erbschaft waren:

1) ab intestato nur die im Cobicille erwähnte Schwester des Verstorbenen, die an den Landrath v. W. auf Krücheln in Anhalt verheirathet war;

2) ex testamento die zu dem Fideicommisse speciell berufenen Agnaten, nämlich a) der C. W. v. Metzsch, der zwar als Preußischer Officier in der Schlacht bei Kunersdorf (1759) gefallen sein sollte, dessen Leben aber von seinem Vater, dem Hauptmann v. M., fort= während behauptet und in Vertretung geltend gemacht wurde, und b) hinter ihm Fr. C. v. M., der gleichfalls Preußischer Lieutenant aber noch minderjährig war.

Der Verlauf der Erbschaftsstreitigkeiten, die nach dem Tode des Grafen v. M. ausbrachen, war im allgemeinen folgender:

Die Frau v. W. setzte sich sofort nach dem Tode, noch ehe das Testament eröffnet war, in den Besitz von Gollmenglin, und bestritt dann nach der Eröffnung des Testaments dessen Gültigkeit, weil es durch den Ausfall der zu Erben eingesetzten Kinder bestitut geworden sei, und das Fideicommiß höchstens aus der Cobicillartlausel als Intestat=Vermächtniß gelten könne. Zugleich erhob sie Einsprache gegen die Gültigkeit des Verkaufes und der Schenkung an die v. S.'schen Kinder, weil der verstorbene Graf damals bereits geistes= schwach gewesen sei. Danach entstanden denn drei verschiedene Arten von Rechtsstreiten:

1) Der Hauptstreit über die Anhaltischen Güter zwischen dem F. C. v. M. und der Frau v. W., der die Grundlage des gegen= wärtigen Processes bildet.

2) Ein Streit zwischen dem F. C. v. M. und dem Vater des C. W. v. M. über das Leben dieses letzteren. Dieser wurde im Jahre 1780 vom Stadtgericht zu Dresden durch Verschollenheits= und Todeserklärung des C. W. v. M. beendigt und der F. C. v. M.

dabei ausdrücklich „pro herede fiduciario" aus dem Testamente erklärt.

3) Ein Streit über den vorläufigen Besitz und die Sequestration des an die v. S.'sche Tochter verkauften Hauses in Dresden zwischen sämmtlichen Betheiligten, nämlich dem Herrn v. S. für seine Tochter, der Frau v. W., dem Vater des C. W. v. M. und dem F. C. v. M. Dieser Streit wurde, wenigstens soweit er die Frau v. W. betrifft, im Jahre 1767 durch ein von der Facultät Leipzig abgefaßtes Ur= theil beendigt, worin die Frau v. W. mit ihren Ansprüchen vor= läufig, aber unter Vorbehalt der definitiven Erbschaftsklage, abge= wiesen wurde, weil das Testament gültig sei, C. W. v. M. erster heres fiduciarius sei, und sie somit gar kein Erbrecht habe.

Alle drei Streite fingen zwar schon im Jahre 1765 an, indessen kam der erste, der über die Anhaltischen Güter zwischen dem F. C. v. M. und der Frau v. W., noch nicht zum wirklichen Processe, sondern führte nur zu einem Proteste des F. C. v. M. bei der Zerbster Re= gierung gegen die Anträge der Frau v. W. auf Ueberweisung des bortigen Allobialvermögens. Indessen wurde die Frau v. W. doch dadurch veranlaßt, sich im Anfange des Jahres 1766 von der ju= ristischen Facultät in Göttingen ein Gutachten über die Gültigkeit des Testamentes und ihre Rechte gegen den F. C. v. M. ertheilen zu lassen. Dasselbe fiel günstig für sie aus, doch machte sie es gegen die Leipziger Entscheidung (von 1767) in dem Dresdener Processe nicht geltend, ließ vielmehr ihre bortigen Ansprüche ganz fallen und begnügte sich mit dem Besitze von Gollmenglin. Der Lieutenant F. C. v. M. stellte auch auf diesen Besitz (aus unbekannten Gründen) weder bei ihren Lebzeiten noch nach ihrem Tode (1782) gegen ihre Erben einen Proceß an, vielmehr wurde erst nach seinem Tode (1804) von seinen drei Kindern, worunter der jetzige Kläger L. Fr. A. v. M. als ältester Sohn, im Jahre 1811 eine gemeinschaftliche Klage er= hoben, die aber später liegen gelassen wurde und nicht zur Entschei= dung gelangt ist. Das Gut ging inzwischen mittelst Erbschaft durch verschiedene Hände, bis es im Jahre 1843 durch Kauf an den jetzi= gen Hohen Herrn Besitzer gelangt ist. Erst gegen diesen ist dann im Jahre 1861 die gegenwärtig zur Entscheidung stehende Klage erhoben.

§. 2.

Die Klage gründet sich einfach auf das Testament und die Fidei=
commißstiftung des Grafen v. M. Die Vertheidigung beschränkt sich
nach Beseitigung aller übrigen Einreden, und abgesehen von ein
Paar Gegenforderungen, auf die Einrede der Verjährung und auch
bei dieser, da der Ablauf der Zeit außer Zweifel ist, auf das Er=
forderniß der bona fides. Das erste im Jahre 1863 in der Sache
ergangene Erkenntniß, welches von der Juristen=Facultät in Göttingen
abgefaßt war, erkannte, daß die Klage zwar an sich begründet sei,
weil das Fideicommiß nicht auf das Gut Gollmenglin sondern auf
die ganze Erbschaft als solche gerichtet gewesen sei, somit die Be=
rufung dazu für den Erstberufenen zugleich eine directe Erbeinsetzung
auf die Erbschaft selber, und für die Späteren, und zwar auch die
Agnaten, eine directe Substitution auf die Erbschaft enthalten habe;
daß aber andererseits auch die Einrede der Verjährung begründet
sei, weil eine mala fides der Frau v. W. nicht angenommen werden
könne. Kläger wurde daher mit seiner Klage abgewiesen. Auf von
ihm eingelegte Appellation wurde dieses Erkenntniß indessen im Jahre
1864 durch ein von der Juristen=Facultät in Halle abgefaßtes Ur=
theil dahin abgeändert, daß nicht nur die Klage an sich begründet
sei, weil das Fideicommiß auf die ganze Erbschaft gehe und darum
in der Berufung dazu nicht nur eine Substitution im Fideicommisse
sondern auch eine Vulgar=Substitution unter die Erbeinsetzungen der
Kinder enthalten sei, sondern daß Kläger auch zum Beweise der von
ihm behaupteten mala fides der Frau v. W. zuzulassen sei, da die
bona fides zwar vermuthet werde, aber die Möglichkeit einer mala
fides hier durch die Umstände keineswegs ausgeschlossen sei. Dieses
Erkenntniß wurde auf weitere Berufung des Hohen Herrn Verklagten
im Jahre 1865 durch ein von der Juristen=Facultät in Berlin ab=
gefaßtes Erkenntniß bestätigt, dabei jedoch in Betreff der Begründung
der Klage an sich wieder der Standpunkt des ersten Erkenntnisses
zu Grunde gelegt und näher begründet.

Nachdem hierauf Beweis und Gegenbeweis von den Parteien
angetreten, durchgeführt und verhandelt waren, wurde im Jahre 1868
durch ein von der Juristen=Facultät in Tübingen abgefaßtes Urtheil
erkannt, daß der Beweis der mala fides der Frau v. W. als gelun=
gen anzusehen sei: sie sei durch das Testament jedenfalls in mala
fides versetzt, sei dann zwar durch das Göttinger Gutachten in bona

fides gekommen, habe aber durch das Leipziger Urtheil doch so viel Zweifel an ihrem Rechte bekommen müssen, daß dadurch ihre bona fides wieder aufgehoben sei. Der Hohe Herr Verklagte wurde demgemäß zur Herausgabe des Gutes verurtheilt. Hochderselbe legte indessen Berufung gegen das Erkenntniß ein, indem er zugleich ein Rechtsgutachten des Geheimerath Professor Dr. v. Wächter in Leipzig beifügte, worin ausgeführt war, daß die Frau v. W. das Testament eigentlich ganz mit Recht für destitut und ungültig gehalten habe, in diesem Glauben durch das Göttinger Urtheil bestärkt wäre und darin auch durch das Leipziger Urtheil nicht wohl habe erschüttert werden können. Das im Jahre 1870 ergangene, von der Juristen-Facultät in Gießen abgefaßte, Urtheil zweiter Instanz erklärte gleichfalls den Beweis der mala fides für nicht geführt; zwar sei das Testament an sich gültig gewesen, allein durch das Göttinger Gutachten sei die auf einem Rechtsirrthume beruhende Ansicht der Frau v. W. genügend entschuldigt worden, und daran sei auch durch das Leipziger Urtheil nichts geändert. Demgemäß wurde umgekehrt der Kläger mit seiner Klage abgewiesen. Gegen dieses Urtheil hat nunmehr der Herr Kläger Berufung eingelegt, und über diese ist gegenwärtig zu verhandeln und demnächst das Endurtheil zu fällen.

II. Der Hauptstreitpunkt und die leitenden Rechtsgrundsätze.

§. 3.

Stellt man zunächst die Hauptfragen, von denen die Entscheidung des Streites in seiner gegenwärtigen Lage abhängt, genauer fest, so ergeben sich diese am besten aus einer Vergleichung der Gründe, auf die die beiden Erkenntnisse sowie das Wächter'sche Gutachten gestützt sind.

Dem Tübinger Urtheile liegt folgende Argumentation zu Grunde: Das Testament des Grafen v. M. sei nach Maßgabe der rechtskräftigen Entscheidung des dritten im ersten Verfahren ergangenen (Berliner) Urtheiles ein vollständig rechtsgültiges und habe daher das Intestaterbrecht der Frau v. W. vollständig ausgeschlossen; die directe Erbeinsetzung der Metzschischen Agnaten sei darin auch so deutlich ausgesprochen, daß auch die Frau v. W. sie habe erkennen

können und müssen; sie sei daher durch die Publication des Testa=
mentes jedenfalls in mala fides gekommen, selbst wenn sie etwa
vorher bei der Besitznahme des Gutes Gollmenglin in bona fides
gewesen sein sollte, was jedoch weder erwiesen noch wahrscheinlich
sei; nun habe sie allerdings durch das Göttinger Gutachten von ge=
wichtiger Auctorität Gründe bekommen, um anzunehmen, daß das
Fideicommiß nur indirect aus der Codicillarclausel Geltung habe
und sie somit wirkliche Intestaterbin und zum Besitze von Gollmenglin
berechtigt sei; indessen sei diesem Gutachten die Auctorität des Leip=
ziger Urtheiles von 1767 entgegengetreten und habe dessen Aucto=
rität wenigstens insoweit wieder aufgehoben, daß ihrem durch das
Gutachten begründeten Vertrauen auf ihr Recht ebenso viel Gründe
zum Mißtrauen entgegengesetzt wären, somit eine eigentliche ent=
schiedene Ueberzeugung von ihrem Rechte nicht in ihr habe bleiben
können, sondern nur ein Zustand des Zweifels; die Zweifel seien
aber nicht bloße speculative Gedanken der Möglichkeit des fremden
Rechtes gewesen, sondern concrete practische Zweifel an der Begrün=
bung des eigenen Rechtes, und zwar aus Gründen, die an sich richtig
waren und die bei genauer Prüfung auch sie selber hätten über=
zeugen müssen.

Das Gießener Erkenntniß geht davon aus, daß die Frau v. W.
bei ihrer Besitzergreifung von Gollmenglin entschieden in mala fides
gewesen sei, da sie entweder das Dasein des Testamentes geradezu
gewußt hätte, oder wenigstens nicht gewußt hätte, daß keines da sei;
die Publication des Testamentes habe indessen ihre mala fides nicht
verstärkt, sondern im Gegentheil ihr einen Anhalt zur Annahme
ihrer Intestaterbberechtigung gegeben, da die Giltigkeit des Testa=
mentes wohl angezweifelt werden und nur durch eine feine juristische
Interpretation festgestellt werden könne; bei ihrem Interesse an der
Nichtigkeit des Testamentes hätte sie daher auch leicht den Glauben
an diese fassen können, sie hätte sehr unbefangen sein müssen, um
sie nicht anzunehmen; allerdings sei diese Annahme ein Rechtsirrthum
gewesen und dieser schließe die außerordentliche Verjährung ebenso
aus wie die ordentliche; allein da derselbe hier nur in der Sub=
sumtion der Thatsachen unter das Recht bestanden habe, so sei er
schon an sich leichter entschuldbar gewesen, und diese Entschuldbarkeit
sei dann durch das Göttinger Gutachten noch so verstärkt, daß danach
die Annahme einer vollen bona fides bei ihr begründet sei; das

Leipziger Erkenntniß habe diese bona fides nicht aufheben können, es habe zwar wohl Bedenken bei ihr erwecken, ihr aber nicht die Ueberzeugung von der Grundlosigkeit ihrer Ansprüche aufbrängen oder ihr auch nur überwiegende Zweifel daran einflößen können, denn es sei nur in erster Instanz gefällt und mit so oberflächlicher Begründung, daß ihre Ueberzeugung dadurch nicht erschüttert zu werden brauchte.

Auf einem etwas anderen Wege gelangt Wächter in seinem Gut=achten zu dem gleichen Resultate. Er geht davon aus, bona fides sei der rein factische Glaube, daß man kein Unrecht thue, die Ent=schulbbarkeit dieses Glaubens im Falle eines Irrthums sei davon ganz zu trennen, diese könne nur die Wirkungen der bona fides bestimmen, nicht aber ihr Dasein an sich; nun sei aber die Ent=schulbbarkeit des Irrthums nur bei der ordentlichen Ersitzung geset=lich gefordert, und selbst hier nur für die Annahme eines s. g. Pu=tativ=Titels, bei der außerordentlichen Verjährung komme es dagegen nur auf die bona fides an sich an, ohne Rücksicht auf ihre Ent=schulbbarkeit; im vorliegenden Falle sei aber nicht der mindeste Grund zu der Annahme vorhanden, daß Frau v. W. nicht an ihr Recht geglaubt habe; sie habe zwar die Absicht ihres Bruders, sie auszuschließen, wohl gewußt, allein ohne ein gültiges Testament habe sie diese nicht zu respectiren brauchen, das vorhandene Testament aber sei nach der richtigen, oder wenigstens der damals allgemein herrschenden, Ansicht in der That bestitut, also ungültig gewesen; in diesem Glauben sei sie durch das Göttinger Gutachten vollständig bestärkt, und das Leipziger Erkenntniß sei nicht so beschaffen gewesen, um jenen Glauben auch nur irgend wie wankend machen zu können, es sei nur possessorisch gewesen, das eigentliche Erbrecht der Frau v. W. ihr ausdrücklich vorbehalten und seine Begründung sei überdies höchst oberflächlich, ja selbst aktenwidrig gewesen.

Vergleicht man diese verschiedenen Ausführungen miteinander, so löst sich die Frage nach der bona fides der Frau v. W. in die beiden Fragen auf:

1) nach dem factischen Dasein ihres Glaubens, und
2) nach der Entschuldbarkeit dieses Glaubens.

Wächter erklärte diese letztere für rechtlich irrelevant; er geht nur darum darauf ein, um aus der Berechtigung oder wenigstens Ent=schulbbarkeit des Glaubens den Beweis für sein wirkliches Dasein

zu führen oder zu verstärken; die Entschuldbarkeit soll nur ein psy=
chologisches Element für den Beweis des factischen Daseins des Glau=
bens bilden. Die beiden Urtheile fordern zwar die Entschuldbarkeit
als rechtliches Erforderniß, indessen fassen auch sie die Entschuldi=
gung eigentlich nur als psychologische Rechtfertigung auf, die
Hauptfrage ist auch bei ihnen, ob sich der Glaube subjectiv psycho=
logisch erklären lasse, nicht aber ob er sich objectiv rechtlich billigen
und rechtfertigen lasse, die eigentliche Grundlage für beide Entschei=
dungen ist daher auch der „psychologische" Eindruck, den die Frau
v. W. von dem Göttinger Gutachten und dem Leipziger Erkenntniß
empfangen habe. Beide suchen diesen genau zu bestimmen und die
psychologische Wirkung der Gründe und Gegengründe, ihr plus und
minus, in den Erwägungen der Frau v. W. bis ins Einzelne sorg=
fältig abzuwägen, und danach das Dasein der bona fides zu bestimmen.

Danach stellt sich die Richtigkeit dieses psychologischen Stand=
punktes und die Annahme und Bedeutung des Erfordernisses der
Entschuldbarkeit des Irrthumes bei der bona fides wesentlich als die
allgemeine präjudicielle Vorfrage für die Entscheidung über die bona
fides der Frau v. W. heraus.

§. 4.

Der practische Inhalt dieser Frage zeigt sich näher, wenn man
die eigenthümlichen Consequenzen jenes psychologischen Standpunktes
für die bona fides etwas genauer ins Auge gefaßt, als in den bei=
den Urtheilen und auch in dem Wächter'schen Gutachten geschehen ist.
Es ist ganz richtig, daß, wenn man den Zustand des rein factischen
Glaubens einer Person feststellen will, dieses nicht nach Rechtssätzen
geschehen kann, sondern nach psychologischen Rücksichten bestimmt
werden muß. Allein die Folge davon ist, daß dann auch die factische
Individualität des einzelnen Menschen mit allen ihren zufälligen
Verschiedenheiten die Grundlage für Dasein und Annahme des
Glaubens und der bona fides bilden muß. Diese muß dann ganz
nach der psychologischen Verschiedenheit der Menschen, ihren Anlagen,
Fähigkeiten und Charakteren bestimmt werden. Der Leichtgläubige,
der Unerfahrene, der Dumme ist dann leichter in bona fide, als der
Kluge, Umsichtige, Erfahrene. Namentlich wenn es sich um An=
nahme eines Glaubens an Rechtssätze, Entscheidungen von Rechts=

fragen, überhaupt um Rechtsirrthum handelt, entsteht ein unabweis=
licher aber gar bedenklicher Unterschied. Der Jurist sieht Bedenken,
Zweifel, Hindernisse, die dem Laien und dem Unerfahrenen gar nicht
in den Sinn kommen. Der Leichtgläubige glaubt leicht, ist also
leicht in bona fide; soll er darum günstiger bei der Verjährung
beurtheilt werden, leichteren Erwerb haben, als der Bedächtige, der
jedes Hinderniß sieht, danach sucht und vor Zweifeln zu keiner Ueber=
zeugung kommen kann? Ja noch mehr: der Leichtsinnige, der Leiden=
schaftliche, der Interessirte, der nur auf seinen Vortheil bedachte,
sieht auch nur diesen und ist blind für Hindernisse aus fremdem
Rechte, während der Ehrliche, Redliche und Gewissenhafte, in ängst=
licher Scheu fremdes Recht zu verletzen, vielleicht mehr.Auge für die
Gegengründe, als für die Gründe seines eigenen Rechts hat. Soll
nun Jenen ihre egoistische Eingenommenheit förderlich sein? Sollen
sie leichter zum Erwerbe durch Verjährung zugelassen werden, als
der redliche, gewissenhafte Mann? Man darf das Alles auch nicht
etwa als blos theoretische, unpractische Bedenken ansehen. Sie sind
unvermeidliche Consequenzen und die ganze Entscheidung des vor=
liegenden Falles hängt davon ab. In dem Gießener Urtheile ist
ganz direct der Standpunkt eingenommen, daß man bei Fragen über
den factischen „Zustand des Bewußtseins einer Person" auf die
„innere Stimmung", die durch das eigene Interesse begründet werde,
Rücksicht nehmen müsse. Es heißt demgemäß: die Einwendungen
gegen das Testament seien zwar an sich unbegründet gewesen, aber
doch der Art, daß „eine Person, deren Interesse auf die Ungültigkeit
des Testamentes gerichtet ist", leicht und „im besten Glauben" für
die Annahme der Richtigkeit hätte entscheiden können, und später
Bl. 51, die Frau v. W. „hätte von einer seltenen Unbefangenheit
und Selbstbeherrschung gewesen sein müssen, wenn sie nicht zu einer
ihren Erbansprüchen günstigen Meinung gelangt wäre."

Ebenso argumentirt Wächter (S. 43) daraus, was der „Laie",
der „Nichtjurist" für Ansichten über das Testament hätte haben kön=
nen, ja S. 45 geht er so weit, zu sagen: wenn die Zerbster Regie=
rung troß des Protestes des F. C. v. M. auf die Behauptung der
Frau v. W. über die Destitution des Testamentes (ohne Einsicht des=
selben) den Verkauf der Allodialsachen verfügt habe, so „konnte dies
auf Frau v. W., zumal als Frau, nur den Eindruck machen,
daß die Regierung von einer ähnlichen Auffassung ausgehe, wie

die von ihr behauptete war". Dabei schade es auch nicht, daß die
Regierung nicht als richterliche verfügt habe, denn es komme nur
darauf an, welche Auctorität die Frau v. W. darin zu finden gehabt
habe, und für sie (als Frau) hätte auch das Verfahren einer Ab=
ministrativbehörde von großer Auctorität sein müssen!

Man sieht hieraus deutlich: die nothwendige Folge dieses psycho=
logischen Standpunktes wäre, daß man im einzelnen Falle beim Be=
weise der bona fides eines einzelnen Menschen vor allem von der
besonderen Individualität desselben, seinem Charakter und seiner Bil=
dungsstufe, ausgehen müßte, daß es nicht darauf ankommen dürfte,
was an sich recht wäre und was er hätte glauben sollen, sondern
vielmehr vor Allem darauf, was für ihn das Vortheilhafteste wäre,
und was er darum am liebsten und leichtesten geglaubt hätte! Ja
noch weiter! Verwickelte Rechtsverhältnisse kann ein Laie selten,
reine positive Rechtsfragen eigentlich nie beurtheilen, er muß und
wird daher stets Rechtskundige befragen, und natürlich befragt er
zunächst stets die, die die Verhältnisse möglichst zu seinen Gunsten
auffassen, ja die sie ihm wegen eigenen Interesses, wie z. B. ein ge=
winnsüchtiger Advocat, vielleicht sogar selber mala fide zu seinem
Interesse zu wenden und darzustellen keinen Anstand nehmen. An
ihrem Urtheile zu zweifeln wird er sich selten veranlaßt sehen, er
wird es gerne und leicht glauben, und um so mehr, je mehr es zu
seinen Gunsten ist. Er wird auch seine entgegenstehende Ansicht ihnen
gegenüber leicht aufgeben, sich somit aus mala fides in bona fides
versetzen lassen. Es müßte ein schlechter Advocat sein, der einem
unerfahrenen Laien, namentlich einer Frau, nicht Alles, was zu
ihrem Vortheil ist, leicht einreden könnte. Sobald man also an=
nimmt, daß der factische subjective Glaube das Entscheidende bei der
bona fides ist, so muß man nach psychologischen Principien auch
weiter annehmen, daß danach factisch die meiste Wahrscheinlichkeit
stets dafür spricht, daß eine Person das geglaubt hat, was das
Vortheilhafteste für sie ist.

Zu welchen Consequenzen dies in der practischen Anwendung
führt, ist gerade für den vorliegenden Fall in den oben gegebenen
Angaben bereits zur Genüge hervorgetreten, die nähere Ausführung
davon kann erst weiter unten gegeben werden. Das aber kann man
schon danach ersehen, daß durch einen solchen Standpunkt die sitt=
liche Natur der bona fides geradezu auf den Kopf gestellt wird, der

Schutz der bona fides bei der Verjährung aus einer wohlthätigen und billigen Sicherung des redlichen Verkehres zu einer grundlosen Belohnung egoistischer Verblendung und leichtfertiger Selbsteingenommenheit gemacht wird, die allem sittlichen Rechtsgefühle Hohn spricht.

§. 5.

Es ist daher auch von vornherein zu bezweifeln, daß ein solches Princip im Römischen Rechte, was sich gerade bei der bona fides so ganz frei aus den Grundsätzen der natürlichen Billigkeit entwickelt hat, wirklich begründet sei. Die Frage ist von Wächter in seinem Gutachten (§. 14.) gründlich behandelt und daher danach am besten zu prüfen. Wächter sagt: bona fides ist guter Glaube, d. h. der Glaube, Niemandem Unrecht zu thun; der Glaube ist aber „lediglich eine Thatsache, deren Existenz nicht von der Art der Gründe, auf denen sie beruht, also auch nicht von der Entschuldbarkeit dieser Gründe, abhängen kann, somit auch, wenn sie einmal vorhanden ist, nicht durch die Art des Irrthums, aus dem sie hervorgeht, sei er noch so unentschuldbar, ausgeschlossen werden kann;" (§. 15.) das Gesetz könne daher von der Entschuldbarkeit des Irrthums nicht das Dasein sondern höchstens die Wirkungen der bona fides abhängig machen, da es natürlich überhaupt das factische Dasein eines Umstandes nicht von der Art seiner Entstehung abhängig machen könne; demnach könne das Erforderniß der bona fides überall, und so auch bei der außerordentlichen Verjährung, immer nur dasselbe bedeuten, nämlich den factischen Glauben, es könne aber nicht verschiedene Grade oder Arten von bona fides geben; und dieses würde denn auch durch mehrere Pandektenstellen bestätigt, welche die bona fides entschieden auch bei Rechtsirrthum, also bei unentschuldbarem Irrthum, annähmen.

Die logische Consequenz dieser Argumentation ist unverkennbar; nicht anzuerkennen ist aber der Ausgang und das Ende, d. h. das Princip und die äußere Bestätigung. Die ganze Argumentation beruht wesentlich auf dem deutschen Worte und Begriffe „Glauben". Das römische Wort „fides" ist damit aber nicht identisch, es bedeutet an sich nicht „Glauben", sondern „Treue, Vertrauen, Redlichkeit", so wenn Cicero sagt: Fundamentum iustitiae est fides (de off. 1, 7), oder: Justitia in rebus creditis fides nominatur (Part. or. 22), und wenn Gellius (N. A. 20, 1, 39—41) und Andere sagen, die Römer hätten im Rechte vor Allem die „fides“ cultivirt. Die Identificirung von fides und Glauben ist erst durch das Christenthum und das canonische Recht bewirkt, weil danach der Glaube die Grundlage der Sittlichkeit ist. Die „bona fides“ ist danach bei den Römern ein fester juristischer Begriff, der sich durch das ganze Recht hindurch zieht, als bonae fidei negotium, contractus, actio, bona fide emere, tradere, accipere, occupare, possidere, und der neben den besonderen Gestaltungen der einzelnen Anwendungen stets überall gleichmäßig die Grundbedeutung von redlichem Vertrauen, redlicher, ehrlicher Gesinnung behält. Auch bei der Verjährung bedeutet daher die bona fides nichts anderes, als daß man die betreffende Sache in redlichem Vertrauen, mit ehrlicher Gesinnung gekauft oder sonst in Besitz bekommen habe. Nun versteht es sich zwar von selbst, daß dabei in der Regel ein „Irren“ und „Glauben“ stattfinden muß, und insofern dann der Begriff „bona fides“ mit dem „guten Glauben“ häufig ganz zusammenfällt, allein immer liegt im Begriffe der bona fides, daß man in ehrlicher Weise, nach redlicher, gewissenhafter Ueberlegung etwas glaubt, und nicht auf leichtfertige, frivole Weise in selbstsüchtiger egoistischer Verblendung. Der Begriff der bona fides ist mit einem Worte vielmehr ein ethischer, als ein psychologischer wie der gute Glaube.

Es versteht sich, daß aus diesem Begriffe von bona fides vielfach andere Consequenzen hervorgehen, als aus dem des bloßen factischen guten Glaubens. Namentlich ist hier die Möglichkeit von verschiedenen Arten, Graden oder Abstufungen von selbst gegeben. Wie man bei der widerrechtlichen Gesinnung verschiedene Arten unterscheidet, dolus und culpa und culpa lata und levis, so kann man auch bei der rechtlichen und redlichen gewisse Unterscheidungen machen, namentlich die beiden des rein factischen und des entschuldbaren Irrens und Glaubens. Natürlich ist der, der wenigstens factisch an sein Recht glaubt, wenn auch im Leichtsinn und ohne Ueberlegung, immer besser und daher auch anders zu behandeln als der, der geradezu sein Unrecht kennt und in offener mala fides handelt, also in dolo ist. Es beruht darauf der Hauptunterschied in der Annahme und Behandlung der bona fides, der im römischen Rechte so bestimmt hervortritt, bei den Delicten und bei der Verjährung. Die Delicte, als subjective Widerrechtlichkeiten, bilden ein Gebiet, auf dem es wesentlich auf den factischen subjectiven Zustand des Wollens und

insofern auch des Wissens und Glaubens ankommt. Ein widerrecht=
licher Wille, eine widerrechtliche Absicht (dolus), ist wesentlich nur
dann vorhanden, wenn und sofern man mit Bewußtsein handelt.
Jeder Irrthum, auch der leichtfertigste und unverzeihliche, hebt (so
weit er geht) wenigstens die Absicht als solche unbedingt auf und
kann höchstens eine Schuld, culpa, wenn auch eine dolo proxima,
übrig lassen. Ueberall daher, wo es auf die Absicht, bewußte That,
dolus, ankommt, ist im Falle eines Irrthums insofern guter Glaube,
bona fides, vorhanden, und können daher die nachtheiligen Folgen
der mala fides und des dolus nicht eintreten. Dies gilt namentlich
für die eigentlichen Strafen des dolus, ebenso dann aber auch für
die privatrechtlichen Folgen des dolus als solchen.

Ganz anders ist es bei der Verjährung. Hier soll nicht umge=
kehrt, wie im Strafrechte der factische subjectiv widerrechtliche Wille
als solcher bestraft wird, ebenso der factische subjectiv rechtliche
Wille als solcher belohnt werden, sondern es handelt sich hier um
ein objectives Princip des Verkehres: die Sicherheit des Verkehres
soll gestärkt, das Vertrauen darauf gefestigt werden durch Aufstellung
eines besonderen, über das eigentliche Recht hinausgehenden, Schutzes
für den redlichen Besitzer. Wer in redlichem Vertrauen einen Be=
sitz erworben, wird vorläufig durch die Actio Publiciana relativ ge=
schützt und bekommt schließlich durch die Verjährung definitiv abso=
lutes Recht. Als redlicher Besitzer kann aber schon nach natür=
lichem sittlichem Gefühle nicht der gelten, der in leichtfertiger eigen=
nütziger Verblendung etwas zu seinem Vortheile glaubt, sondern nur
der, der nach ehrlicher und gewissenhafter Ueberlegung eine auch ob=
jectiv begründete Ueberzeugung faßt. Das Gesetz muß bei diesem
Principe der allgemeinen und objectiven Sicherung des Verkehres
nothwendig auch einen allgemeinen und objectiven Maßstab anlegen,
es darf die Begünstigung, die dem Einzelnen daraus zufällt, da sie
stets mit einem Verluste oder Benachtheiligung eines Andern ver=
bunden ist, nur nach den allgemeinen objectiven Verkehrs= und Ver=
trauensrücksichten zu Theil werden lassen. Das bloße factische Glau=
ben nach den zufälligen psychologischen Zuständen und Verschieden=
heiten der Einzelnen und dem größeren oder geringeren Grade ihrer
Gewissenhaftigkeit kann über derartigen Erwerb und Verlust nicht
entscheiden. Nicht darauf kommt es an, was Jemand factisch wirk=
lich glaubte, sondern darauf, was er zu glauben als redlicher Mann

befugt war, was er hätte glauben oder wissen können und sollen. Das Princip der bona fides ist eben, wie oben gesagt, hier nicht ein psychologisches, sondern ein ethisch-rechtlich-commercielles. Diesen Standpunkt hat unsere Theorie und Praxis von jeher gehabt. Sie hat bei der bona fides stets angenommen, daß der Glaube ein gerechtfertigter, der Irrthum ein entschuldbarer sein müsse, daß daher namentlich Rechtsirrthum die Verjährung (b. h. die acqui= sitive, die Ersitzung) ausschließe. Für die Länder des Sächsischen Rechts ist dabei namentlich bezeichnend die Art, wie Carpzov in seinen berühmten Definitiones forenses (II. 3, 6.) nach dem Vorgange älterer Juristen, wie Schneidewin, Coler u. a., die bona fides definirt als „sincera et illaesa conscientia excusans possesso-rem de ignorantia rei alienae; vel iusta opinio, qua quis credit, rem esse suam." Die Definition ist aber allgemein für die bona fides bei allen Verjährungen, an eine Unterscheidung der bona fides bei der ordentlichen und außerordentlichen Verjährung dachte man nicht. Erst in neuerer Zeit hat man diese natürliche Grundlage des Begriffes der bona fides verkannt, theils aus falschen Speculationen über das Verhältniß·von titulus und fides oder aus dem deutschen Begriffe des guten Glaubens, theils aus ungenauer Interpretation einzelner Pandektenstellen.

§. 6.

Geht man aber auf die quellenmäßige Begründung des Begriffes der bona fides näher ein, so bedarf zunächst die allgemeine Bedeu= tung von fides und bona fides wohl keines besondern Beweises. Daß indessen das Wort fides nicht identisch ist mit Glauben, und daß dabei nicht die Idee des Irrthums, sondern der Redlichkeit zu Grunde liegt, zeigt sich bei allen den Fällen, wo Usucapion ohne Irrthum in Frage kommt. So namentlich, wenn untersucht wird, ob der= jenige als bon. fid. emtor anzusehen sei, der vom wirklichen Eigen= thümer kaufe, obgleich er wisse, daß dieser das Geld verschwenden werde (L. 8. D. pro emtore), oder der, der vom Procurator des wirklichen Eigenthümers kaufe, oder unter Collusion über den wohl= feilen Preis (L. 7. §. 6. D. eod. tit.). Von Glauben und Irren ist in diesen Fällen gar keine Rede, sondern die Frage ist nur, ob das betreffende Wissen eine Unredlichkeit begründe. Nicht weniger zeigt es sich darin, daß man unter Umständen auch ohne Irrthum und wissentlich fremde Sachen usucapiren kann, wie namentlich nach dem Principe der L. 28. D. de noxal., wenn man eine Sache von Jemand kauft, der die exceptio rei venditae et traditae gegen den Eigenthümer hat. Auch hier ist die Frage nicht, ob die Kenntniß den Glauben, sondern nur, ob sie die Redlichkeit ausschließe. Ebenso bei der Frage, ob der in bona fide sei, der ein gesetzliches Usucapionshinderniß irrthümlich annehme (L. 32. §. 1. D. de usuc.). Ueberhaupt aber kann bei dem Begriffe der mala fides als Gegensatz der bona fides die Idee des Glaubens gar nicht zu Grunde gelegt werden, sondern nur die der Unredlichkeit, da ja natürlich beim Wissen des Unrechts von einem Glauben keine Rede mehr sein kann, und der Ausdruck „böser Glaube" nur ein sehr uneigentlicher ist. Diesem Allen entsprechend ist denn auch in den neueren Gesetzbüchern, dem Preußischen, Oesterreichischen und Sächsischen, gar nicht der Begriff des guten Glaubens, sondern die Redlichkeit des Besitzes bei den Bestimmungen über die Ersitzung zu Grunde gelegt.

Was die einzelnen Pandektenstellen betrifft, auf die in der Regel und so auch von Wächter die Ansicht gestützt wird, daß es bei der bona fides nur auf den factischen Glauben und nicht auf die Entschuldbarkeit ankomme, so daß auch der Rechtsirrthum die bona fides nicht ausschließe, so wird dabei der Unterschied des Standpunkts der Delicte und der Verjährung in der Regel übersehen. Die Stellen sagen alle nur negativ, daß bei Rechtsirrthum kein dolus mit seinen Folgen eintrete, keine einzige sagt positiv, daß bona fides mit der Folge der Verjährung eintrete. Die erste ist:

§. 5. J. de usucap. 2, 6.: Item si is, ad quem ancillae ususfructus pertinet, partum suum esse credens, vendiderit, furtum non committit, furtum enim sine affectu furandi non committitur.

Die Stelle spricht nur von der Furtivität der Sachen und der Frage, in welchem Falle man eine fremde Sache veräußern könne, ohne ein furtum zu begehen. Hier heißt es, furtum sei nicht ohne animus furandi, und dieser, also die biebische Absicht, werde durch jeden Irrthum, auch den Rechtsirrthum, aufgehoben. Dabei liegt somit offenbar nur der oben bezeichnete strafrechtliche Standpunkt zu Grunde, und für die bona fides des Usucapienten wird dadurch gar nichts bewiesen. Daß der Verkäufer, der im Rechtsirrthume verkauft, positiv in bona fide sei, ist nicht gesagt, sondern nur negativ, daß er kein furtum begeht. Wächter nimmt bies zwar ibentifch, unter Bezugnahme auf §. 4. eod., wo es heißt:

> heres, qui bona fide (rem alienam) tanquam suam alienave-
> rit, furtum non committit.

Allein biefe Stelle fpricht nur vom factifchen Irrthume, nämlich von bem Falle, wenn man geliehene ober gemiethete Sachen für Erbfchaftsfachen hielt, unb offenbar finb bie Worte bona fide bei bem Falle von Rechtsirrthum gerabe mit Abficht weggelaffen. Aehnlich ift es mit ber zweiten Stelle ber L. 25. §. 6. D. de her. petit. (5, 3). Das SC. Juventianum hatte bei feinen Beftim= mungen über unberechtigte Erbprätenbenten unterfchieben „eos qui bona invasissent, cum scirent ad se non pertinere" unb „eos qui iustas causas habuissent, quare bona ad se pertinere existimas-sent." L. 20. §. 6. D. de her. petit. (5, 3).

Für bie erfteren, bie bie römifchen Juriften als „praedones" be= zeichnen, trat bie bekannte ftrenge Behanblung ein, unb in Beziehung auf biefe fagt Ulpian in ber obigen Stelle:

> „Scire ad se non pertinere utrum is tantummodo videtur,
> qui factum nescit, an et is qui in iure erravit? — Et non
> puto hunc esse praedonem qui dolo caret, quamvis in iure
> erret."

Offenbar ift auch hier wieber ber Stanbpunkt bes Delicts: do-lus, Abficht, wirb burch jeben Irrthum, auch ben Rechtsirrthum, ausgefchloffen, unb ba bas SC. feine Strenge nur für bie augeorb= net hatte, „qui invasissent, cum scirent", fo war Ulpians Entfchei= bung ganz natürlich. Auch hier wirb, wie oben in ber Inftitutio= nenftelle, nur negativ gefagt, baß ber im Rechte Irrenbe kein praedo fei, nicht pofitiv, baß er bon. fid. possessor fei. Wächter folgert bies nur baraus, baß an anberen Stellen einfach bie praedones unb bie bon. fid. possessores einanber gegenübergeftellt werben, fo baß jeber, ber nicht praedo ift, bon. fid. possessor fein muß. Inbeffen beruht bies nur barauf, baß bas SC. nur unterfchieb: „eos qui sci-rent" unb „eos qui iustas causas haberent, quare existimarent." Danach ftanben bie ohne „iusta causa" Irrenben, alfo namentlich bie im Rechte Irrenben, eigentlich in ber Mitte unb gehörten weber zu ben Einen noch zu ben Anbern. Da inbeffen bas SC. zwifchen ber ftrengen unb milben Behanblung keine Mittelftufe auffteltte, fo mußte man entweber, wie bei ber Ufucapion im L. 7. §. 2. D. pro emtore, bem „scit" bas „scire debet" gleichstellen, oder bie ohne „iusta causa" Irrenden benen mit „iusta causa", b. h. ben eigent=lichen b. f. possessoribus, gleich behandeln. Wenn nun Ulpian, um bie Nachtheile bes dolus zu beseitigen, bas erstere verworfen hat, so läßt sich baraus für ben Begriff ber bona fides bei ber Verjährung offenbar burchaus nichts weiter folgern.

Schon bas britte (Berliner) Erkenntniß im ersten Verfahren hat geltenb gemacht, baß bie L. 25. nicht auf bem Principe ber Verjährung, sonbern einem anbern beruhe. Wächter hat bagegen eingewenbet (S. 20), baß bieses anbere Princip nicht angegeben sei unb auch „unmöglich" nachzuweisen sei. Wenigstens bie Möglich=keit ist wohl nach Vorstehenbem nicht zu bestreiten.

§. 7.

Außer biesen Stellen kommen nun noch bie in Betracht, bie sich auf ben ben Einfluß bes Rechtsirrthums bei ber Verjährung be=ziehen unb bie Regel aussprechen, baß hier error iuris non prodest, unb baß baher in iure erranti usucapio non procedit.

L. 31. pr. l. 32. §. 1. D. de usucap. (41, 3).

L. 2. §. 15. D. pro emtore (41, 4).

L. 4. D. de juris et facti ignorantia (22, 6).

Der Rechtsirrthum gilt nach röm. Rechte in ber Regel als un=entschulbbar; wer eine Sache in Besitz nimmt, weil er sich aus fal=schen Rechtsansichten für berechtigt bazu hält, kann nicht als reb=licher Besitzer angesehen werben. Er mag factisch in gutem Glauben sein, unb wirb baher nicht als Dieb unb praedo behanbelt unb be=nachtheiligt; allein ihn positiv usucapiren unb Eigenthümer werben zu lassen, ist kein Grunb, ba er burch gehörige Nachfrage bie Un=richtigkeit ober wenigstens Zweifelhaftigkeit seiner Rechtsansichten er=fahren konnte, unb es keine wirklich rebliche Gesinnung ist, wenn er biese Nachfrage unterläßt ober bie mitgetheilten Gegengrünbe un=beachtet läßt. Eben barum barf man auch bie Regel „error iuris non prodest" nicht etwa für eine besonbere rein positive neben ber bona fides ansehen wollen, sonbern sie bilbet einfach nur ein wesent=liches Element berselben, wie benn bie Römer auch ben error iuris unb facti bei ber Usucapion ganz unmittelbar miteinanber verbin=ben, unb z. B. in ber L. 4. cit. sagen:

Juris ignorantiam in usucapione prodesse negatur, facti vero
ignorantiam prodesse constat.

Allerdings beſtreitet nun Wächter dieſe Auffaſſung der Regel
über den Rechtsirrthum und behauptet, ſie gelte gar nicht allgemein
für die Uſucapion, ſondern ſie beziehe ſich nur ganz ſpeciell auf das
Erforderniß des Titels und die Zulaſſung eines ſog. Putativtitels;
eigentlich ſei nämlich ein wirklicher, d. h. factiſch vorhandener und
rechtlich gültiger, Titel nothwendig, indeſſen ſei hier angenommen,
daß einzelne Mängel am Titel durch entſchuldbaren factiſchen Irr=
thum unſchädlich gemacht werden könnten, nicht aber durch Rechts=
irrthum; nur hierauf bezögen ſich die angeführten Stellen und die
ganze Regel, und darum könne von ihnen bei der außerordentlichen
Verjährung, wo gar kein Titel gefordert werde, auch keine Anwen=
dung gemacht werden.

Allein eine ſolche Beſchränkung der Regel iſt in den Quellen in
gar keiner Weiſe begründet. Schon in den allgemeinen Titel de
juris et facti ignorantia (22, 6) iſt in L. 4. der Satz ganz allgemein
aufgenommen: „Juris ignorantiam in usucapionibus negatur prodesse“
und ebenſo wird er auch in den Titeln über die Uſucapion ſelber
ſtets allgemein ausgeſprochen, in zwei Stellen zwar mit Anwendung
auf Mängel am Titel, aber ſo, daß die Regel als allgemein feſt=
ſtehende vorausgeſetzt wird und daraus nur Conſequenzen für den
concreten Fall gezogen werden; ſo in

L. 31. pr. de usucap.: Nunquam in usucapionibus iuris error
possessori prodest, et ideo etc.

L. 2. §. 15. pro emtore. — non capies usu, quia iuris error
nulli prodest.

In einer Stelle findet ſich aber auch eine Anwendung ohne alle
Beziehung zum titulus, nämlich in L. 32. §. 1. de usuc.:

Si quis id, quod possidet, non putat sibi per leges licere usucapere, dicendum est, etiamsi erret, non procedere tamen eius usu-
capionem, quia in iure erranti non procedat usucapio.

Irrthümliche Annahme eines geſetzlichen Uſucapions=Verbotes
ſoll die Uſucapion verhindern, weil bei Rechtsirrthum keine Uſucapion
ſtattfinde. Die Anwendung der Regel iſt hier zwar etwas ſonder=
bar, weil der Irrthum hier ein superfluum bei der Uſucapion trifft,
und dabei eigentlich die Regel gelten ſollte: „plus est in re quam in
existimatione mentis“; indeſſen beweiſt die Stelle gerade darum die

Allgemeinheit der Regel nur um so schlagender. Denn die Regel mußte wohl sehr unzweifelhaft für ganz allgemein gültig gehalten werden, wenn ein Jurist sie zu so eigenthümlicher Anwendung be= nutzen konnte! Bestätigt wird dies auch durch einen historischen Grund. Die Regel erscheint in den obigen Stellen als eine feste, althergebrachte, schon im Anfange der Kaiserzeit, während die neueren Untersuchungen von Stintzing, Schirmer und namentlich Fitting fest= gestellt haben, daß die Zulassung der Putativtitel erst in jener Zeit ihre ersten Anfänge gehabt hat. (Archiv f. d. civ. Praxis 52, 416.) Somit muß die Regel vorher eine allgemeine Geltung und ein an= deres Gebiet der Anwendung gehabt haben als den Putativtitel, nämlich einfach das des Eigenthums des Auctors, sowie sein Recht und seine Fähigkeit zur Veräußerung. Es ist bei der Allgemeinheit der obigen Aussprüche in der That auch nicht der mindeste positive Grund da, die Anwendung der Regel in diesen Beziehungen zu be= zweifeln, wie man sie denn auch früher bei uns nie bezweifelt hat. Das Eigenthümliche des Putativtitels besteht nur darin, daß, wäh= rend das ältere Recht unbedingt wirkliche Thatsachen eines Titels verlangte, und bei bloßem „error falsae causae" keine Usucapion, gab

L. 27. D. de usucap. §. 11. I. de usucap.,

das spätere Recht sie bei besonderer „insta causa erroris" zuge= lassen hat.

L. 11. D. pro emtore.

L. 5. §. 1. D. pro suo.

Daß aber bei rechtlichen Mängeln am Titel ein Rechtsirrthum darüber nichts nützte, war nichts Neues, sondern nur eine festgehaltene Anwendung der alten Regel, daß „error iuris in usucapionibus non prodest."

Die allgemeine Anwendung der Regel wird endlich auch noch dadurch weiter begründet, daß sie im römischen Rechte selber wieder nur als eine Anwendung eines noch allgemeineren Princips erscheint, nämlich als eine Consequenz des bekannten und vielbesprochenen Satzes der L. 7. und 8. D. de iuris et facti ign. (22, 6):

Juris ignorantia non prodest acquirere volentibus, suum vero petentibus (l. 8.: in damnis amittendae rei suae), non nocet.

Allerdings hat Savigny (System Bd. 3. S. 344—353) diesen ganzen Satz für völlig unbrauchbar und für eine unbegründete Ab= straction und Verallgemeinerung aus einzelnen spezielleren Entschei=

bungen erklärt, und darauf fußend hat auch Wächter im Gutachten
S. 18. jede Anwendung desselben auf die vorliegende Frage bestritten.
Nun ist es auch wohl außer Zweifel, daß jene Sätze als allgemeines
Princip für die Behandlung des Irrthums (mit Geltung aller irgend=
wie daraus zu ziehenden Consequenzen) nicht brauchbar sind. An=
dererseits kann man aber doch auch die beiden Stellen, die beide von
Papinian, dem größten der römischen Juristen, sind, nicht einfach
für gedankenlosen Unsinn erklären. Wenn sie auch in den Pandekten
aus ihrem natürlichen Zusammenhange herausgerissen sind, so sind
doch ihre Worte und Gedanken an sich unzweifelhaft ächt, und man
muß nur auf diese, wie auf alle s. g. „regulae iuris", das Princip
der L. 1. D. de R. J. (50, 17) anwenden:

Non ex regula ius sumatur, sed ex iure, quod est, regula fiat.

b. h. alle solche Regeln enthalten allgemeine natürliche Gesichtspunkte
der Billigkeit und Zweckmäßigkeit, die in der Entscheidung einzelner
Fälle und Rechtsfragen hervorgetreten sind und dabei als Entschei=
dungsmotiv gedient haben, und die darum stets zur Erläuterung und
Feststellung der maßgebenden Ideen bei den concreteren Rechtssätzen
dienen können und müssen. So ist es auch hier. Der allgemeine
Gedanke ist, daß die Rechtsunkenntniß im Allgemeinen strenger zu
beurtheilen ist, wenn es sich um Erlangung eines Vortheiles handelt,
als wenn um Eintritt oder Abwendung eines Nachtheiles; der spe=
ciellere Rechtssatz ist, daß der Rechtsirrthum zwar für den Erwerb
durch Usucapion nicht nützt, wohl aber die Annahme eines Delictes
und den Eintritt seiner nachtheiligen Folgen ausschließt. Wenn
Savigny dagegen einwendet, die beiden Begriffe Gewinn und Verlust
seien zu unbestimmt und relativ und vom Zeitpunkte der Beurthei=
lung abhängig, so ist das im Allgemeinen ganz richtig, im Einzelnen
läßt sich aber der Standpunkt, den die Gesetzgebung bei den einzelnen
Rechtsinstituten zunächst einnimmt, sehr wohl bestimmen. Bei der
Usucapion namentlich handelt es sich nach der römischen Auffassung
zunächst um die „adeptio domini" (Ulp. 19, 8. 1. 3. de usuc.), b. h.
den Erwerb eines Eigenthums, was man an sich noch nicht hat.
Allerdings kann es sein, daß der Usucapient, wie Savigny (S. 350)
geltend macht, die Sache gekauft hatte und vom Verkäufer keinen
Ersatz bekommen kann, und folglich die Usucapion zur Abwendung
dieses Schadens für ihn dienen würde. Allein dieses obligatorische
Verhältniß des Usucapienten zu seinem auctor kann natürlich den

rechtlichen Charakter der Usucapion als Erwerbes fremden Eigen=
thums im Verhältnisse des Usucapienten zu dem bisherigen, jetzt das
Eigenthum verlierenden, Eigenthümer nicht ändern. Demgemäß ist
auch in unserer Theorie stets allgemein angenommen, auch von
Wächter selber (im Württemb. Priv. R. 2, 123 n. 17), daß in der
L. 7. cit. die Worte „acquirere volentibus" sich gerade vorzugsweise
auf die Usucapion beziehen. Ist aber dieses, so ist damit die All=
gemeingültigkeit der Regel „in iure erranti usucapio non procedit"
nach den obigen Ausführungen von selber erklärt und zugleich auch
bestätigt.

Daß nun aber mit der Anerkennung der Allgemeingültigkeit der
Regel und der Bestätigung ihrer Beschränkung auf den Putativtitel
von selbst auch jeder Grund wegfällt, sie auf die ordentliche Ersitzung
zu beschränken und bei der außerordentlichen auszuschließen, bedarf
nach den obigen Ausführungen keiner besonderen Begründung mehr
und es mag daher nur noch hervorgehoben werden, daß die Ansicht,
auch bei der außerordentlichen Verjährung sei Entschuldbarkeit des
Irrthums erforderlich, in unserer Theorie durchaus die vorherrschende
ist, wie die neueren Lehrbücher zeigen:

> v. Vangerow, Pandekten. Bd. 1. §. 325.
> Windscheid, Pandekten. Bd. 1. §. 183.
> Arndts, Pandekten. §. 164.

III. Die einzelnen Beweismittel.

Es ist nunmehr zu der Prüfung der einzelnen von den Parteien
versuchten Beweisführungen überzugehen. Dabei ist zunächst das
Beweisthema und die Beweislast in drei Beziehungen näher fest=
zustellen.

1) Das Beweisthema ist in dem Beweisinterlocute der Halleschen
Facultät, welches in dem (Berliner) Urtheile der dritten Instanz be=
stätigt ist, wörtlich dahin gestellt:

> „daß Frau v. Wülknitz bei ihrem Besitze des Gutes Gollmenglin
> in mala fide gewesen sei".

Dabei sind die beiden Urtheile davon ausgegangen, daß die bona
fides zwar als ein Erforderniß der eingewendeten Verjährung anzu=
sehen sei, daß sie aber vermuthet werde und daher der Gegner die

mala fides beweisen müsse. Ju dem Berliner Urtheile ist dann noch
weiter ausgeführt, daß dieser Beweis zwar durch das Testament und
seine Publication zunächst eigentlich geführt sei, daß er aber doch
durch die vom Gegner angeführten Gründe, namentlich durch die
Berufung auf das damals noch nicht producirte Göttinger Gutachten
wieder zweifelhaft werde, und darum die Prüfung der gesammten
Beweisführung dem Endurtheile vorbehalten bleiben müsse. Es ist
dies in den Verhandlungen des Beweisverfahrens in verschiedener
Weise mißverstanden. Einerseits hat man gemeint, daß damit der
Beweis der mala fides an sich rechtskräftig feststehe und es sich nur
noch um den Gegenbeweis der bona fides handle, andererseits hat
Wächter (S. 30) darin einen Widerspruch zwischen der Entscheidung
und ihren Gründen gesehen, weil dann dem Verklagten der Beweis
der bona fides hätte auferlegt werden müssen. Beides ist unbe=
gründet. Bei dem Beweise und Gegenbeweise einer einzelnen That=
sache, namentlich eines inneren Zustandes, wie bona oder mala fides,
kann man die Beweisgründe und Mittel für und gegen, oder Haupt=
und Gegenbeweis, nicht so trennen, daß im Falle einer Anticipation
des einen Beweises über diesen sofort erkannt und die Gegengründe
selbständig zum Gegenbeweise verstellt würden; — es würde dadurch
der schon übergroße Formalismus unserer Beweistheorie ins Uner=
trägliche gesteigert und überdies der Inhalt der Präsumtion doch
wieder zum Beweise verstellt werden; vielmehr kann dann nur der
ganze Beweis und Gegenbeweis zum selbständigen Verfahren gestellt
werden, um nachher einer freien Prüfung der ineinander eingreifen=
den Gründe und Gegengründe Raum zu geben. Natürlich versteht
sich bei dieser Behandlung der Sache von selbst, daß dann auch die
in den Entscheidungsgründen eines solchen Beweisinterlocutes etwa
schon ausgesprochenen Ansichten über einzelne Beweispunkte keine
Rechtskraft erlangen und dem späteren Urtheile über die ganze Be=
weisführung in keiner Weise präjudiciren können, weder zum Vor=
theile noch zum Nachtheile der einen oder andern Partei. Im vor=
liegenden Falle ist daher für den Beweis der mala fides der Frau
v. W. noch vollständig res integra.

2) Der Wortlaut der Beweisauflage ist in Betreff der Zeit der
mala fides der Frau v. W. völlig unbeschränkt. Dennoch ist in dem
Tübinger Urtheile und dem Wächter'schen Gutachten angenommen,
daß gegenwärtig nur noch der Beweis eines mala fides superveniens

in Betracht kommen könne, weil der Beweis, daß die Frau v. W.
schon bei der ersten Ergreifung des Besitzes von Gollmenglin in mala
fides gewesen sei, nicht besonders nachgelassen und jedenfalls vom
Kläger nicht angetreten sei.

Mit Recht ist diese Annahme schon in dem (Gießener) Erkenntnisse der vorigen Instanz für unbegründet erklärt. Das Beweisthema lautet ganz allgemein und der Kläger hat einen Verzicht auf
jenen Beweis nirgends ausgesprochen, er hat im Gegentheil zunächst
in Art. 15—17 seine Beweisantretung allgemein darauf gerichtet,
daß jeder Besitzer als unredlicher zu behandeln sei, der Thatsachen
und Verhältnisse wisse, die ihn fremde Ansprüche erwarten lassen
müßten, und daß solche Thatsachen der Frau v. W. in der That
vielfach bekannt geworden seien, wie namentlich das Testament ihres
Bruders, dessen Dasein und Inhalt ihr schon vor seiner Publication
bekannt geworden sei.

Ganz speziell sind dann aber weiter die Artikel 55 a.—c. und
67—69 direct mit auf die mala fides der Frau v. W. bei der Besitzergreifung gerichtet, indem sie darauf gehen, daß die Frau v. W.
nicht sowohl als Erbin, sondern vielmehr wegen anderer Ansprüche
die Besitzergreifung vorgenommen hätte. Ob oder wie weit dieses
richtig und von Einfluß ist, ist hier noch nicht zu untersuchen, nur
daß die Beweisantretung die anfängliche mala fides der Frau v. W.
nicht umfasse, wird dadurch vollständig widerlegt. Im Uebrigen hat
aber das Gießener Urtheil mit Recht hervorgehoben, daß eine freie
Beweisprüfung von selber dem Richter Recht und Pflicht gebe, aus
sämmtlichen dargebrachten Thatsachen die sich ergebenden Schlüsse auf
die eigentliche Beweisaufgabe zu ziehen, und daß, wenn sich danach
ein Mangel des redlichen Bewußtseins bei der Frau v. W. schon für
die Zeit der Besitzergreifung ergebe, der Richter berechtigt und verpflichtet sei, dieses anzuerkennen und die Folgen davon auch für die
spätere Zeit weiter in Betracht zu ziehen.

3) Die Beweisauflage der mala fides ist nicht so zu verstehen,
als ob der Kläger beweisen müsse, daß Frau v. W. im vollen Bewußtsein und in der vollen Ueberzeugung ihres Unrechtes gewesen
wäre. Vielmehr ist mala fides alles was nicht bona fides ist. Wenn
daher die bona fides den oben gegebenen Ausführungen zufolge als
die Redlichkeit der Gesinnung, als gerechtfertigter Glaube, aufgefaßt
werden muß, so versteht sich, daß der Beweis der mala fides nicht

auf das factische subjective Glauben der Frau v. W. beschränkt ist, sondern auch durch die Widerlegung der Rechtfertigung ihres Glaubens geführt werden kann, und daß anderseits der Gegenbeweis nicht auf das factische Glauben beschränkt sein darf, sondern die Rechtfertigung mit umfassen muß.

Dabei ist in dem Tübinger Erkenntnisse ein Unterschied gemacht, je nachdem man die in Frage stehende Verjährung als acquisitive oder extinctive auffasse; im ersten Falle müsse die bona fides eine positive, absolute, allen Dritten gegenüber begründete sein und erfordere daher den Beweis eines sogenannten Putativtitels, im letzteren genüge die negative, relative Unkenntniß des klägerischen Rechts. Diese Unterscheidung ist nicht zu billigen. Selbst für das gemeine Recht stehen ihr erhebliche Bedenken entgegen, für das sächsische Recht ist aber bei der Auflage des Beweises sowohl in dem Hallischen als dem Berliner Urtheile übereinstimmend die Ansicht der Sächsischen Theorie und Praxis zu Grunde gelegt, wonach es nur eine Verjährung von 31 Jahren 6 Monaten 3 Tagen giebt, die zugleich Klage und Einrede begründet, also acquisitiv ist und stets gleichmäßig Besitz und bona fides aber keinen Titel fordert, bei der aber die bona fides stets vermuthet wird. An dieser als Einrede rechtskräftig zugelassenen einheitlichen Verjährung ist daher festzuhalten, und nur danach die zum Beweise verstellte mala fides zu beurtheilen. Das Erforderniß eines Putativtitels ist dadurch nicht gegründet. Es ist falsch, daß es im Begriffe der bona fides von selber enthalten sei. So wenig ein Titel eine Garantie für die bona fides giebt, so wenig ist er auch zu ihrem Dasein nothwendig, wie der Putativtitel zeigt.

§. 9.

Bei der Prüfung der einzelnen Elemente der Beweisführung sind es hauptsächlich folgende Punkte, von deren Beurtheilung die Entscheidung abhängt:

1) Die Besitzergreifung von Gollmenglin,
2) das Testament,
3) das Göttinger Gutachten,
4) der Dresdener Prozeß mit dem Leipziger Urtheile.

1. Die Besitzergreifung.

Bei der Besitzergreifung von Gollmenglin kommen folgende Thatsachen in Betracht: Der alte Graf starb im Jahre 1765 in Gießhübel in Sachsen, einem Bade 4 bis 5 Meilen hinter Dresden im Gebirge an der bömischen Grenze. Frau v. W. wohnte damals in Krücheln, einem Gute zwischen Bernburg und Cöthen gegen 30 Meilen von Gießhübel. Sie stand mit dem Grafen seit Jahren in erklärtester Feindschaft, hatte aber schon im Jahre 1764 den Versuch gemacht, den Grafen wegen angeblicher Geistesschwäche zu sich zu nehmen und unter cura stellen zu lassen; sie war damit zwar in zwei Instanzen abgewiesen, hatte aber nochmals appellirt und im April 1765 noch eine neue Exploration vornehmen lassen. Der Graf starb am 25. August Nachmittags 1 Uhr. Schon am 27. Mittags gab in Zerbst, was wieder noch 5 Meilen von Krücheln entfernt ist, der Advocat der Frau v. W. einem dortigen Notar den Auftrag, schleunigst nach dem 2 Stunden entfernten Gollmenglin zu fahren, um dort für die Frau v. W. einen förmlichen Besitzergreifungsact vorzunehmen, und zwar mit solchem Drängen nach Eile, daß der Notar es besonders hervorhebt, er habe auf die Pferde 3 Stunden warten müssen. Gleich am folgenden Tage, 28. August, reichte sie darauf bei der Regierung in Zerbst eine Erklärung ein, daß sie „nicht allein" wegen ihres Intestaterbrechts gegen ihren Bruder, „sondern auch" wegen Ansprüche gegen denselben aus ihrer mütterlichen Erbschaft sich zu dem übrigen Allodialnachlasse ihres Bruders salvo beneficio inventarii melden wolle und bitte, ihr die „Besitznahme angedeihen zu lassen". Gleichzeitig oder schon vorher muß sie nach Dresden den Antrag auf Publication des Testaments des Grafen gerichtet haben, da diese bereits am 31. August in Gegenwart eines Bevollmächtigten von ihr und ihres Neffen, des Hauptmann v. St., „auf ihr Ansuchen" vollzogen wurde. Sechs Tage nachher, am 6. September, ließ sie bei dem Dresdener Gerichte die Erklärung abgeben, daß sie sich wegen Antretung der Erbschaft noch besinnen wolle. Der Hauptmann v. St. aber stellte später (in dem Processe von 1811) die Sache so dar, als habe seine Tante den Besitz der Anhalter Allodialgüter allein oder wenigstens hauptsächlich zur Sicherung ihrer Ansprüche aus der Erbschaft ihrer Mutter und ihres andern Bruders ergriffen.

Bei der rechtlichen Prüfung dieser Besitzergreifung ist vor Allem die außerordentliche Hast und Eile, mit der sie vorgenommen wurde, auffallend. Bei der Langsamkeit der Verkehrs- und Mittheilungsmittel in damaliger Zeit, kurz nach dem Ende des siebenjährigen Krieges, war eine solche Schnelligkeit gar nicht anders möglich, als dadurch, daß längst vorher Alles vorbereitet war und außerordentliche Maß=regeln für den Fall des Todes des Grafen, der ja nach dem ärztli=chen Atteste vom 13. März 1765 längst erwartet wurde, angeordnet waren. Unwillkürlich drängt sich dabei die Frage auf, warum, wozu diese eigentlich unanständige Hast? Die Frau v. W. war ja zweifellos die einzige Schwester und Intestaterbin des Grafen. Sie hatte ja somit, wenn kein Testament da war, nicht die allerminbeste Erb=Prä=tension, Collision oder auch nur Concurrenz zu fürchten. Die einzige Gefahr wäre etwa wegen des S.'schen Hauses in Dresden zu fürchten gewesen. Die Hast beweist daher jedenfalls, daß Frau v. W. wenigstens nicht unbefangen war, daß sie jedenfalls fremde Ansprüche fürchtete und natürlich keine anderen als aus einem Testa=mente! Daß der Graf ein Testament gemacht habe, wußte sie sicherlich, sie wußte es jedenfalls seit dem S.'schen Hauskaufe, bei dem ja das Fideikommiß bestätigt war, und selbst wenn sie es nicht direkt gewußt hätte, hätte sie es bei der Feindschaft, in der sie seit mehr als zehn Jahren mit dem Grafen lebte, von selbst annehmen müssen. Es ist auch, wie schon in dem Tübinger Erkenntnisse hervorgehoben ist, von Seiten des Hohen Herrn Verklagten nie die Behauptung aufgestellt, daß sie es nicht gewußt habe. Jedenfalls mußte sie es aber am 28. August, wo sie in Krücheln die Eingabe an die Zerbster Re=gierung schrieb, bereits wissen; denn da die Eröffnung in Dresden am 31. August schon auf ihr Ansuchen geschah, so sind die zwei Zwischentage das minimum für die Bewirkung dieses Antrags. Daß sie mit dem Testamente auch von seinem Inhalte, namentlich der Fideikommiß=Stiftung, im Allgemeinen Kenntniß hatte, kann kaum anders angenommen werden, ist aber gleichgültig, da sie so viel jedenfalls von selber wußte, daß sie selber keinenfalls zur Erbin eingesetzt wäre. Anderseits konnte sie aber keinenfalls schon wissen, daß ein einziger ungenauer Ausdruck in dem Testamente einem ge=schickten Advokaten Anhalt geben könnte, die Gültigkeit des Testa=mentes anzufechten. Höchst eigenthümlich und widersprechend ist unter diesen Umständen ihr Benehmen bei der Erbschaft, daß sie erst einfach als Intestaterbin Besitz von Gollmenglin ergreift, dann sich als In=testaterbin cum beneficio inventarii bei der Zerbster Regierung mel=det, zu gleicher Zeit um Eröffnung des Testamentes bittet, und endlich wenige Tage nachher beim Dresdener Gerichte erklärt, sie wolle sich wegen Antretung als Intestaterbin besinnen. Die Erklärung dafür ist offenbar in dem enthalten, was sie selbst in ihrer Erklärung an die Zerbster Regierung ziemlich naiv als Nebengrund angiebt und was später ihr Neffe unverblümt als Hauptgrund angeführt hat, nämlich daß sie eigentlich gar nicht die Erbschaft als solche beanspruchen, sondern nur ihre angeblichen Ansprüche aus der Erbschaft ihrer Mutter und ihres andern Bruders sichern wollte. Auf die Erbschaft ihres eben verstorbenen Bruders machte sie sich eigentlich gar keine Hoffnung, weder ab intestato noch ex testamento; wenn sie aber zur Sicherung ihrer gedachten Ansprüche den im Anhaltischen belegenen Theil der Erbschaft in Besitz nehmen wollte, um das „commodum possessionis" zu erlangen, so konnte sie dieses natürlich unter keinem anderen Vorwande thun, als unter dem des eigenen Intestaterbrechtes. Dann aber mußte sie dies natürlich auch so schnell als möglich nach dem Tode des Erblassers thun, noch ehe das Testament eröffnet war; denn da den Anhaltischen Behörden von dessen Existenz natürlich nichts bekannt war, so konnte sie es ruhig wagen, zu gleicher Zeit in Anhalt um die Zuweisung der Intestaterbschaft und in Dresden um die Testaments-Eröffnung zu bitten. Natürlich dachte und sagte ihr auch ihr Advolat, wenn sie nur erst im Besitze sei, so werde sich auch wohl gegen das Testament, wenn man es erst kenne, schon der eine oder andere Anfechtungsgrund auffinden lassen, jedenfalls müsse man den Versuch machen, aus der durch die Exploration vom 13. März 1765 konstatirten Geistesschwäche des Grafen, eine Anfechtung gegen die Gültigkeit des Testamentes von 1755 herzuleiten. Diese letztere Absicht ergiebt sich aus den Anfragen zu dem Göttinger Gutachten vom Januar 1766. Darin ist die erste auf die Ungültigleit wegen Wahnsinns gestellt, und ganz ungescheut mit den frivolsten Gründen aus dem Inhalte des Testamentes, weil es „wunderliche Dinge", nämlich die Bestimmungen über die Lehngüter, die Fideikommiß-Kapitalien u. a. enthalte, substantiirt.

Die Frage nach der bona fides der Frau v. W. bei der Besitzergreifung von Gollmenglin beantwortet sich hiernach wohl ziemlich einfach. Insofern sie die Besitzergreifung zur Sicherung ihrer oben bezeichneten anderweitigen Ansprüche vornahm, war dies reine unerlaubte Eigenmacht und Selbsthülfe, bei der von bona fides für Verjährung gar keine Rede sein kann. Insofern sie es aber zur

Ausübung ihres angeblichen Intestaterbrechtes that, kann, da ihr die Existenz des Testamentes bekannt war, von bona fides wieder keine Rede sein. Dem wirklichen Erben ist allerdings eigenmächtige Hinnahme der Erbschaftssachen erlaubt, aber auch nur Diesem, und wirklicher Erbe kann man natürlich nicht vor der Delation sein, diese aber ist für die Intestaterben nicht möglich, so lange sie ex testamento möglich ist.

L. 39. D. de a. v. o. h. (29, 2);

L. 89. D. de R. J. (50, 17).

Auch kann man hier nicht, wie später, sagen, die Frau v. W. und ihr Advocat hätten wenigstens subjectiv das Testament für ungültig gehalten. Denn ohne eine genaue Kenntniß des Testamentes, und zwar seines Wortlautes, war dies gar nicht möglich, und diese konnten sie vor der Eröffnung nicht haben, wenigstens nicht in beweisender Form. Somit setzte sie sich ohne alles Recht und auch ohne allen Glauben an ein Recht, nur in der Hoffnung, vielleicht noch einen Anhalt für einen Anspruch aufzufinden, in omnem eventum in den Besitz, um dann als beatus possessor ruhig den weiteren Erfolg abzuwarten.

Aber selbst in dem ganz unwahrscheinlichen Falle, daß sie am 27. August bei der Besitznahme von Gollmenglin die Existenz des Testamentes noch nicht sicher gewußt hätte, war ihr Benehmen kein redliches und in gutem Glauben. Es ist schon oben gezeigt, wie ihre Hast bei der Besitznahme jedenfalls nur aus ihrer Furcht vor einem Testamentserben zu erklären ist, und sie somit keinenfalls im Glauben an ihr Recht den Besitz ergriff, sondern nur um sich für alle Eventualitäten und hauptsächlich zur eventuellen Sicherung ihrer sonstigen angeblichen Ansprüche die Vortheile des Besitzes zu verschaffen. Dazu kommt dann das ganz unzweideutige Benehmen vom 28. August, wo sie sich bei der Zerbster Regierung für die unzweifelhafte Intestaterbin ausgiebt, während sie zugleich in Dresden auf Eröffnung des Testamentes anträgt. Und endlich, daß nachdem sie in Zerbst am 28. August erklärt hat, sie melde sich salvo beneficio inventarii zur Erbschaft, sie am 6. September in Dresden erklärt, sie wolle sich über Antretung der Erbschaft weiter besinnen. Da die Besitznahme vom 27. August den Protokollen nach eine ganz unbedingte war, also eine volle pro herede gestio enthielt, so war eigentlich schon die Beneficialerklärung vom

28. August unzulässig, noch viel mehr aber die Erklärung vom
6. September. Sie zeigt, wie die Frau v. W. vollständig doppel=
tes Spiel in Zerbst und in Dresden spielte. Daß dabei von bona
fides keine Rede sein kann, bedarf demnach keines weiteren Be=
weises mehr.

2. Das Testament.

§. 10.

Frau v. W. hatte sich also eigenmächtg ohne den Glauben an
ein Recht, ja ehe ihr über ein etwa mögliches Recht ein Urtheil
nur möglich war, in den Besitz von Gollmenglin und überhaupt
der Erbschaft ihres Bruders, so weit sie konnte, d. h. so weit sie in
Anhalt belegen war, gesetzt. Welchen Einfluß hatte nun das am
31. August eröffnete Testament? War es bestitut und nichtig?
oder hielt es Frau v. W. wenigstens für richtig, und hatte sie
rechtlichen Grund dazu? Dies sind die Fragen, die bei Erwägung
des Testamentes hervortreten. Die erste ist in den drei Erkennt=
nissen des ersten Verfahrens einstimmig verneint und damit in
ihrer unmittelbaren Bedeutung für die Rechte des Klägers aus
dem Testamente rechtskräftig entschieden. Mit Recht macht indessen
Wächter (S. 32) geltend, daß diese Entscheidung für die Beurthei=.
lung der bona oder mala fides der Frau v. W. nicht maßgebend
sein könne; wenn der jetzige Richter jene Entscheidung für irrig
halte, und annehme, daß das Testament doch eigentlich bestitut
gewesen und mit Unrecht in jenen Erkenntnissen für gültig erklärt
sei, so falle damit nicht nur jeder Grund zu einem Zweifel daran,
daß Frau v. W. es für gültig gehalten habe, von selber weg, son=
dern ihr Glaube an die Gültigkeit erscheine dann den ungerechten
Erkenntnissen gegenüber auch als vollständig gerechtfertigt, er sei
dann der an sich allein richtige gewesen, somit ihre optima fides
von selbst bewiesen; der ganze Zweifel über ihren Glauben an die
Gültigkeit des Testamentes und die Rechtfertigkeit ihres Glaubens
sei überhaupt nur möglich, wenn man das Testament wirklich an
sich für ungültig halte. Dieser Standpunkt muß an sich als voll=
ständig richtig anerkannt werden, indessen sind die Gründe, die
Wächter gegen die Gültigkeit des Testamentes und gegen die Nich=
tigkeit der früheren Entscheidung einwendet, nicht ausreichend, auch
scheint seiner Argumentation ein Mißverständniß wenigstens in Be=

treff des britten (Berliner) Erkenntnisses zu Grunde zu liegen. Er stellt an die Spitze seiner ganzen Deduction in §. 22. ben Satz:

„Die Urtheile, welche das Testament für gültig erklärten, stützten sich auf die Annahme, daß der Erblasser seine Vetter nicht blos in dem Fibeicommisse seinen Kindern substituirt habe, sondern daß in dem Testament auch eine Substitu= tion der Vettern als Erben liege, daß sie also ben im Testamente zu Erben ernannten Kindern vulgariter sub= stituirt seien."

Gegen diese Annahme hat Wächter dann bie schon früher dagegen aufgestellten Gründe dahin ausgeführt: Der Erblasser habe zu wirklichen Erben nur seine zu erwartenben Kinder eingesetzt, biese aber bem Erfolge nach auf ihre Pflichttheile beschränkt, unb ihnen die Herausgabe der übrigen Erbschaft als ein Fibeicommiß auf= erlegt, was also gar nicht bie ganze Erbschaft umfasse; nur zu bie= sem Fibeicommisse habe er bann eventuell auch die Vettern berufen, unb bei Ermangelung von Kinbern sei baher bas Testament bestitut geworden, ba eine Vulgarsubstitution für die Kinber nicht angeorb= net sei; es sei baher Intestatsuccession eingetreten, unb bas Fibei= commiß könne höchstens aus der Codicillarklausel aufrecht erhalten werben; „von einer Berufung der Vettern zur Erbschaft als Vulgarsubstituten der Kinber könne gar keine Rebe sein," ba sie sogar in bas Fibeicommiß nur „nach Abgang" ber Kinder berufen seien, also nur wenn Kinber gekommen, b. h. geboren unb in bie Erbschaft unb bas Fibeicommiß eingetreten, unb wieber abgegangen, b. h. gestorben wären.

Jene ganze Voraussetzung, baß bie genannten Erkenntnisse bie Vettern als Vulgarsubstituten der Kinber angesehen hätten, ist nun aber burchaus unrichtig. Schon bas erste (Göttinger) Urtheil sagt, bie eingesetzten Kinder seien nicht „als Fibuciarerben anzusehen, von welchen der erste Fibeicommißberechtigte sein Recht empfangen sollte, sondern dieser ist selber Erbe unb seinerseits mit dem Fibei= kommiß belastet." Noch bestimmter ist aber in bem britten (Ber= liner) Urtheile gleich der Gegensatz an die Spitze gestellt, baß eine boppelte Auffassung benkbar ober möglich sei, entweber bie, bie von ber Frau v. W. geltenb gemacht unb auch von Wächter vertheidigt wirb, ober bie, bie bereits in bem Göttinger Urtheil angebeutet ist, baß nämlich bie Kinber gar nicht auf bie ganze Erbschaft eingesetzt

3

und nur über den Pflichttheil hinaus mit einem Fideikommiß bela=
stet sind, sondern daß sie überhaupt ganz und gar nur auf den
Pflichttheil eingesetzt sind, die übrige Erbschaft aber zu einem selbst=
ständigen deutschrechtlichen Familienfideikommiffe bestimmt ist, in
der Weise, daß der erste Fideikommißberechtigte als eigentlicher
Erbe neben den Kindern eingesetzt ist, insofern also Fibuciar und
erster Fideikommiffar in einer Person ist, das Fideikommiß also
von der Existenz anderer Erben neben ihm und einer Vulgarsubsti=
tution für diese andern Erben völlig unabhängig ist. Gegründet
ist diese Auffassung auf die Worte des Testaments:

— setze ich — meine Kinder — zu meinen Universalerben,
— jedoch nicht höher als zum Pflichttheile, — alle mein
übriges Vermögen — soll zu einem ewigen — Fideikommiß
zur Conservirung der Metzschen Würde — ausgesetzt sein,
dergestalt daß 2c. —

Gegen diese Auffassung selber macht nun Wächter folgende
Einwendungen:

1. „Hiernach scheint das Berliner Urtheil davon auszugehen,
es liege in der Natur des deutschen Familienfideikommisses, daß
stets der erst berufene Fideikommiffar zugleich als Fibuciar, somit
als eingesetzter, mit Restitution des Fideikommisses belasteter Erbe
berufen gelte." Allein es ist nirgend gesagt, daß dieses eine wesent=
liche Eigenheit des deutschen Familienfideikommisses sei, die stets
eintreten müsse, sondern nur, daß es eine Eigenthümlichkeit sei,
die eintreten könne und im vorliegenden Falle wirklich eingetre=
ten sei.

Im Römischen Rechte ist das Familienfideikommiß nur als
eine Reihe successiver Vermächtniffe für eine Reihe einzelner Per=
sonen gedacht, wobei der erste Fideikommiffar stets noch einen Erben
vor sich haben muß, dem als Fibuciar die Herausgabe des Fidei=
kommisses aus der Erbschaft auferlegt ist. Auch wenn das Fidei=
kommiß nur für die Familie des Erben selber angeordnet ist, kann
doch nie er selber als erster Fideikommiffar sondern immer nur als
Fibuciar aufgefaßt werden. Das Deutsche Recht faßt das Familien=
fideikommiß dagegen mehr wie eine Art Vermögensstiftung für eine
Familie auf, in die die Mitglieder der Familie nach einander ein=
treten sollen, so daß der Erste, der eintritt, stets der erste Fidei=
kommiffar heißt, wenn er auch keinen Fibuciar vor sich hat. Dies

zeigt sich namentlich schon darin, daß man ein Familienfideicommiß auch durch einen Act unter Lebenden stiften kann, und dann darin, daß, wenn man bei testamentarischer Stiftung sein ganzes Vermögen zu einem Fideikommisse bestimmt, der erste zu dem Fideikommiß Berufene und Berechtigte eben der Erbe selber ist, also, wenn man die römischen Begriffe von Fiduciar und Fideikommissar darauf anwenden will, der Erbe Beides zugleich in einer Person ist. Daß man indessen ein Fideikommiß auch so errichten kann, daß man einen Erben einsetzt, und dann ein Landgut oder einen Theil der Erbschaft zum Fideikommisse bestimmt, und dessen Herausgabe an den ersten Fideikommissar dem Erben auferlegt, unterliegt nicht dem mindesten Zweifel, und ist auch in dem Berliner Erkenntnisse in keiner Weise ausgeschlossen.

2. Im Anschlusse an den obigen Satz fährt Wächter weiter fort: „Allein es scheint ihm (dem Berliner Urtheile) schließlich doch (aber nicht im Einklange mit der vorangegangenen Ausführung) der Nachweis einer im Testamente enthaltenen Vulgar=Substitution der Fideikommißfolger zur Gültigkeit des Testamentes nöthig zu sein, indem es im weiter Folgenden diesen Nachweis zu führen sucht." Allein von einer Substitution der Vettern unter die auf ihre Pflicht=theile eingesetzten Kinder ist in dem Urtheile überall gar keine Rede. Allerdings ist ausgeführt, daß nach heutiger Anschauung bei der in=direkten oder fideikommissarischen Substitution die Absicht des Testirers in der Regel eventuell auch auf eine direkte oder vulgare Substitution gerichtet sei, d. h. wer will, daß ein zweiter Erbe nach dem ersten eintritt, will in der Regel auch, daß er statt desselben eintritt, falls dieser gar nicht Erbe werden sollte; allein begreiflicher Weise bezieht sich die ganze Deduction in dem Urtheile nur und lediglich auf die Succession in das Fideikommiß. Der Graf v. M. hatte ja die ganze Erbschaft nach Ausscheidung der Pflichttheile der zu erwartenden Kinder zum Fideikommisse ausgesetzt, und in dieses primo loco seinen zu erwartenden erstgeborenen Sohn eingesetzt. Dieser war also dop=pelt eingesetzt, als gewöhnlicher Erbe in seinen Pflichttheil, und dann als erster Fideikommißberechtigter in die übrige Erbschaft, sofern sie zu einem Fideikommisse ausgesetzt war. Diesem Erstgeborenen war dann die ganze übrige und weitere etwaige Descendenz, nicht nur die agnatische, sondern eventuell auch die cognatische, fideikommissarisch für den Fall des Absterbens und vulgar für den Fall des gar nicht

Erscheinens substituirt. Der gesammten Descendenz waren dann weiter die Agnaten substituirt, diese aber dem Wortlaute nach mit dem Ausdrucke „nach Abgang meiner Descendenten". Buchstäblich genommen bezeichnet dieser nur die fideikommissarische Substitution, b. h. den Fall, wenn Descendenten gekommen, aber wieder abgegangen sind, nicht auch die vulgare, b. h. wenn sie gar nicht gekommen sind. Daß nun hier aber der Absicht des Testirers nach unzweifelhaft auch eine Substitution für diesen zweiten Fall anzunehmen sei, daß also für das Fideikommiß in der fideikommissarischen Substitution die vulgare mit enthalten sei, das allein war es, was das Berliner Urtheil nachzuweisen beabsichtigen konnte. Mit diesem Beweise ist die Gültigkeit des Testamentes von selber erwiesen, denn sobald man den ersten Fideikommißberechtigten als wirklichen heres fiduciarius ansieht, so ist durch eine Vulgar-Substitution für diesen das Testa= ment vor Destitution gesichert. Ob den Kindern für ihre Pflicht= theile Substituten gesetzt waren oder nicht, ist nach diesem Stand= punkte für die Gültigkeit des Testamentes völlig gleichgültig; hatten sie keine Substituten, so entschied bei ihrem Ausfalle über ihre Erb= theile einfach das gewöhnliche Accrescenzrecht. Demnach stehen die Ausführungen des Berliner Urtheils über die Vulgar=Substitution mit seiner Annahme der Erbesqualität des ersten Fideikommißberech= tigten allerdings in vollem „Einklange".

3. Auf demselben Mißverständnisse beruht der dritte Einwand, den Wächter §. 26. Nr. 1. aufstellt: Die Ausführungen des Urtheiles „würden blos beweisen, daß die Berufung der Vettern zu dem Fi= deikommisse auch auf den Fall der Kinderlosigkeit des Erblassers zu beziehen sei; aber aus der Berufung zum Fideikommisse folgt noch nicht eine Berufung zur Erbschaft als wirkliche Erben." Der Ein= wand setzt wieder voraus, daß das Fideikommiß etwas Anderes sei, als die Erbschaft, daß der erste Fideikommißberechtigte nur Fidei= kommissar im römischen Sinne sei, dem eine andere Person als heres fiduciarius gegenüberstehe. Wenn aber, wie das Urtheil an= nimmt, der erste Fideikommißberechtigte selber wirklicher Erbe, also Fiduciar und Fideikommissar zugleich ist, so versteht sich von selber, daß, wenn die Vettern für den Fall der Kinderlosigkeit des Erblassers zum Fideikommisse berufen sind, sie damit eo ipso „zur Erb= schaft als wirkliche Erben" berufen sind. Wächter sagt, sie seien doch keinenfalls zu Substituten der Kinder, als der auf ihre Pflicht=

theile eingesetzten Erben, gesetzt. Das ist unzweifelhaft richtig, ist aber von jenem Standpunkte aus völlig gleichgültig und ist in dem Berliner Urtheile nirgend behauptet.

4. Aus demselben Grunde ist auch der vierte von Wächter S. 48 Nr. 4. angeführte Einwand nicht zutreffend: „Würde der nächstberufene Vetter als Vulgarsubstitut der eingesetzten Kinder zu betrachten sein, so würde ihm der Betrag der Pflichttheile dieser Kinder in das freie Eigenthum zufallen, — ein Resultat, was im vorliegenden Falle schwerlich im Sinne des Testirers gelegen haben wird." Auch hier kann man nur einfach wiederholen, was schon bei den vorigen Einwänden gesagt ist, daß das Berliner Urtheil nie und nirgend angenommen hat, daß die Vettern irgendwie „als Vulgar= substituten der auf ihre Pflichttheile eingesetzten Kinder zu betrachten seien", sondern daß die Substitution der Vettern sich nur auf die Einsetzung des Erstgeborenen in die Erbschaft, sofern sie zum Fidei= kommisse ausgesetzt war, bezieht. Die ausgesetzten Pflichttheile wür= den bei völligem Wegfalle von Kindern zwar natürlich auch weg= fallen, aber natürlich nicht dem Fideikommissar als freies Eigenthum zufallen, sondern der Erbmasse zuwachsen und mit dieser unter das Fideikommiß fallen. Ob der Erblasser dies beabsichtigt hätte oder nicht, wäre nach den Grundsätzen des Anwachsungsrechtes gleich= gültig; daß er es aber wirklich n i ch t beabsichtigt hat, ist keineswegs wahrscheinlich, im Gegentheil ist kaum zu zweifeln, daß er für den Fall, daß er keine Kinder bekäme, gar keine andere Absicht ge= habt hat.

§. 11.

Alle die bisherigen Gründe treffen also die Gültigkeit des Testa= mentes nach der Berliner Entscheidung gar nicht, da sie einen Satz bekämpfen, den das Berliner Urtheil gar nicht aufgestellt hat. Die einzigen Gründe, die überhaupt auch nur mit einigem Scheine gegen die Gültigkeit des Testamentes aufgestellt werden können, sind fol= gende:

a) daß ein Familien=Fideikommiß überhaupt nicht durch Erbein= setzung errichtet werden könne, oder daß es wenigstens im vorliegen= den Falle nicht geschehen sei;

b) daß eine fideikommissarische Substitution überhaupt nicht, und auch bei deutschen Familien=Fideikommissen nicht, als vulgare auf=

recht erhalten werden dürfe, oder wenigstens im vorliegenden Falle
nicht.

Beide Gründe, oder da jeder sich wieder in zwei auflöst, alle
vier, sind denn auch von Wächter, wenn auch nicht in dieser be=
stimmten Formulirung, geltend gemacht. Daß nun aber:
a) im Allgemeinen Erbschaften als solche den Gegenstand von
Familien=Fideikommissen bilden können, ist außer allem Zweifel.
Auch Wächter erkennt es in der Weise an, daß man einen Dritten,
z. B. Frau oder Schwester, zum Erben einsetzt, und diesem dann
die Restitution der Erbschaft als Universal=Fideikommiß an den ersten
Fideikommißberechtigten, d. h. den Ersten der Familie, für die das
Fideikommiß bestimmt ist, sei es der eigene Sohn oder ein Vetter
oder sonst wer, auferlegt. Geht aber dieses, so ist in der That nicht
abzusehen, wozu jener Erbe als Mittelsperson eigentlich dienen soll,
warum man nicht das Vermögen gleich unmittelbar dem betreffenden
ersten Familiengliede, also dem ersten Fideikommißberechtigten, zuwen=
den und ihn zu der Erbschaft als Familien=Fideikommiß berufen soll?
Allerdings müßte man nach streng Römischem Rechte sagen: dann
werde dieser Erste eben Erbe und fiduciarius, und folglich nicht
fidecommissarius, dieses, also erster Fideikommissar, werde vielmehr
erst sein Sohn, auf den die Erbschaft nun erst als Fideikommiß
übergehe. Deutsche Anschauung ist dieses aber nicht, diese unter=
scheidet in diesem Falle nur den Fideikommißstifter, die Fideikommiß=
stiftung und die Fideikommißberechtigten. Daß der Erste von diesen
zugleich Erbe des Stifters, heres im römischen Sinne, wird, ändert
an seiner Stellung zum Fideikommisse gar nichts. Er gilt civil=
rechtlich dem Stifter und dessen Gläubigern und Schuldnern gegen=
über allerdings vollständig als Erbe; allein seiner zum Fideikommiß
berufenen Familie gegenüber nimmt das Fideikommiß in seiner
Person seinen Anfang, er ist insofern der erste Fideikommissar, sein
Sohn ist schon der zweite, ein Abzug der Trebelliana ist daher nicht
zulässig. Insofern kann man sagen, wie in dem Berliner Urtheile
geschehen ist, das betreffende erste Familienglied sei hier zugleich
Fiduciar und Fideikommissar.

Daß dieses Alles so sei, scheint Wächter im Grunde auch gar
nicht leugnen zu wollen, er meint nur, es sei erst moderne Theorie
der heutigen germanistischen Wissenschaft, die ältere Theorie und
Praxis, auf die es hier bei der Frage nach der bona fides der

Frau v. W. allein ankomme, habe davon noch nichts gewußt. Er beruft sich dafür auf Knipschild's bekanntes Buch über die Familien-Fideikommisse. Allein dieses Buch ist schon 1626 erschienen, also mehr als ein Jahrhundert vor jener Zeit, und namentlich also vor der ganzen Entwicklung, die solche Grenzgebiete zwischen Römischem und Deutschem Rechte im 17. und 18. Jahrhunderte erlangt haben, und ist überdies der damaligen Wissenschaft gemäß noch mit einer solchen Ideenarmuth und Unfähigkeit zu eigentlich juristischer Konstruction geschrieben, daß es in dieser Beziehung in keiner Weise als Auctorität gelten kann. Daß es als das einzige auch im 18. Jahrhundert noch viel gebraucht und citirt wurde, ist erklärlich, daß man aber in der Praxis längst darüber hinaus war und bereits vollständig den oben beschriebenen Standpunkt eingenommen hatte, das zeigen aufs Deutlichste nicht nur das gerade in jener Zeit (1756) abgefaßte Bairische Landrecht nebst Kreitmayr's Commentar, sondern namentlich auch, was Wächter nicht berücksichtigt hat, die Akten des gegenwärtigen Prozesses selber. Zunächst die Urtheile und Dekrete der Dresdener Gerichte und der Leipziger Fakultät, die die beiden Vettern Wilhelm und Friedrich v. Metzsch ohne alles Bedenken als eingesetzte Erben zulassen, das Testament darum als gültig behandeln, die Frau v. W. ausgeschlossen sein lassen und schließlich 1780 den F. C. v. Metzsch ausdrücklich „pro herede fiduciario" erklären. Dieser war erst in vierter Linie, nämlich nach der agnatischen und cognatischen Descendenz und nach dem Wilhelm v. M., zum Fideikommiß berufen, dennoch wird seine Berufung zum Fideikommiß ohne Weiteres als Berufung zur eigentlichen Erbschaft und er als „heres fiduciarius" behandelt. Daß man ihn dabei nicht als Substituten, der Kinder des Grafen, sondern als direkt zum Fideikommiß berufen angesehen hat, ist zwar nicht ausdrücklich gesagt, liegt aber von selbst darin, daß er nur vom Standpunkte des Fideikommisses aus als berechtigt behandelt ist. Denn daß man im Allgemeinen in jener Zeit die Errichtung eines Familien-Fideikommisses in der oben bezeichneten Weise ohne Vermittelung durch einen besonderen Erben für zulässig hielt, und daß man dann die Berufung zur Erbschaft und zum Fideikommisse als identisch ansah, dafür liegt ein vollständiger und direkter Beweis in dem von dem Hohen Herrn Verklagten beim Gegenbeweise als Urkunde Nr. V. produzirten Testamente vom Jahre 1797. Daß vom Jahre 1766—1797 in der

Theorie oder Praxis ein Umschwung in der Auffassung dieser Ver=
hältnisse stattgefunden hat, wird Niemand behaupten wollen. In
diesem Testamente heißt es aber wörtlich:

„— habe ich mich bewogen gefunden, meinen ganzen künf=
tigen nach meinem Ableben vorhanden sein werdenden Nachlaß
— nichts ausgenommen — zu einem immerwährenden Fa=
milien=Fideikommiß für die §. 2. eingesetzten Erben und deren
Nachkommen — zu machen. —

§. 2. Berufe ich zu solchem Familien=Fideikommiß und
setze deshalb zu meinen ungezweifelten Erben — in nachher
weiter bestimmter Ordnung: 1) meinen lieben Sohn u. s. w.“

Diese Worte sprechen so deutlich und unzweifelhaft, daß sie keines
Kommentars bedürfen. Hervorzuheben ist nur, wie darin, wie in
allen ähnlichen Testamenten, die Stiftung und Errichtung des Fidei=
kommisses als einer objektiven dauernden Einrichtung von der sub=
jektiven Berufung der einzelnen Personen ganz getrennt und ihr
vorangestellt wird. Es spricht sich darin ganz besonders der Unter=
schied des römischen und heutigen Standpunktes aus. Beim römi=
schen Fideikommisse sind die einzelnen Personen das Prinzipale, das
Fideikommiß das Sekundäre, was nur von Einem auf den Anderen
übergeht; beim deutschen Fideikommisse ist das Fideikommiß als
dauernde Einrichtung für den Ruhm der Familie das Prinzipale,
die Personen, die nach einander eintreten, das sekundäre, wobei
zwischen dem Ersten und den späteren weiter kein rechtlicher Unter=
schied gedacht wird.

§. 12.

Ganz in derselben Weise ist nun aber auch:

b) im vorliegenden Falle die Errichtung des Fideikommisses an=
geordnet. Nachdem in §§. 3—6. die Kinder auf ihre Pflichttheile
eingesetzt sind, wird in §. 7. ganz objektiv das Fideikommiß errichtet:

„Alle mein übriges jetzt — und zukünftiges Vermögen — soll
zu einem ewigen, einfolglich auf keine Art und Weise aufzu=
hebenden, Fideikommisse zur Konservirung der Gräflich Metz=
schen Würde, Namens und Wappens dergestalt ausgesetzt sein,
daß mein Erb=Rittergut Gollmenglin u. s. w.“

Dann erst werden in §§. 8—12. die einzelnen dazu berechtigten
Familienglieder dazu berufen, zuerst die Söhne und ihre Nachkommen

nach dem Rechte der Erstgeburt, also der erste ohne alle Trennung von den nachfolgenden, dann die Töchter u. s. w. Wenn man dieses mit dem allgemeinen Zwecke der deutschen Familien=Fideikommisse und dem obigen Testamente von 1797 vergleicht, so muß es in der That praktisch von vorne herein fast als unbenkbar erscheinen, daß der Graf v. M. sein Familien=Fideikommiß von der Einsetzung seiner Kinder auf ihre Pflichttheile und ihren eventuellen Substituten hätte abhängig machen wollen, daß er sich also das Fideikommiß nicht als selbständige rechtliche Einrichtung, sondern nur als ein in römischer Weise den Kindern auferlegtes Vermächtniß gedacht hätte. Und nimmt man nun die Worte des Testamentes selber, so läßt die Be= stimmung:

„setze ich meine Kinder zu meinen Erben ein, jedoch nicht höher als zum Pflichttheile, alle mein übriges Vermögen soll zu einem Fideikommiß u. s. w."

wohl kaum einen Zweifel aufkommen. Die scheinbar allgemeine Einsetzung des Vordersatzes wird durch den Nachsatz „jedoch nicht höher" vollständig auf den Pflichttheil beschränkt, und damit von selbst das „übrige Vermögen" als selbständig daneben stehender Gegenstand der Beerbung und Erbeinsetzung bezeichnet. Daß dabei der Ausdruck der Erbeinsetzung nicht wiederholt wird, sondern gesagt wird: „soll zu einem Fideikommiß ausgesetzt sein; in dieses Fidei= kommiß succebiren zunächst u. s. w.", spricht nicht dagegen, sondern im Gegentheil dafür. Das Fideikommiß selber konnte natürlich nicht eingesetzt werden, unter den Fideikommißberechtigten denkt sich aber der Erblasser gar keinen Unterschied weiter von Erbe und Fidei= kommissar. Deßhalb sagt er, die übrige Erbschaft solle als solche ein Fideikommiß bilden und darin sollen ihm die nachbenannten Familienglieder succebiren. Ebensowenig steht entgegen, daß es bei den Kindern nicht einfach heißt: „setze zu Erben ein", sondern „zu Universal=Erben in allen meinen beweg= und unbeweglichen Vermögen honorabili institutionis titulo". Darin liegt nach dem weitschweifigen Style der Cautelar=Jurisprudenz jener Zeit, in der man zweifelte, wie z. B.

Schorch, resp. et sent, Erford. 150, 15.

zeigt, ob eine Erbeinsetzung auf den Pflichttheil ohne die Worte „honorabili institutionis titulo" ordnungsmäßig und gültig wäre, gar nichts weiter, als die Bezeichnung der eigentlichen Erbeinsetzung

mit Universalsuccession im Gegensatze zu bloßen Singular=Vermächt=
nissen; Maaß und Umfang der Einsetzung und Universal=Succession
werden dadurch nicht im Mindesten afficirt.

Unerfindlich ist darum auch, in wiefern Wächter darin, daß „im
vorliegenden Falle das Fibeikommiß nicht über das gesammte Ver=
mögen des Erblassers sich erstreckt", einen Grund gegen die An=
nahme der Erbschaftsqualität sehen will. Das quantitative
Maaß der Succession ist ja doch für die Qualität der Succession
als solcher bei Intestat= wie Testaments=Succession völlig gleichgültig.

§. 13.

c) Durch die Auffassung des Familien=Fibeikommisses als einer
einheitlichen Stiftung oder Anordnung für eine bestimmte Familie
auf ewige Zeiten wird nun von selbst auch der richtige Standpunkt
für die Beurtheilung der zweiten Hauptfrage, nämlich der nach der
Substitution der Vettern unter die Kinder, gegeben. Die Anord=
nung eines solchen Familien=Fibeikommisses schließt von selber stets
eine allgemeine Substitution aller Familienglieder nach der angeord=
neten bestimmten Successionsart, Erstgeburt, Majorat u. s. w. in
sich, die zugleich fibeikommissarisch und vulgar ist. Fibeikommissarisch
ist sie, sobald das Fibeikommiß in dem Erstberufenen wirklich an=
gefangen hat; vulgar, so lange dieses noch nicht ist, vielmehr noch
die erste Delation des ganzen Fibeikommisses aussteht. Wenn die
ganze Familie nach einander zum Fibeikommisse berufen ist, so
muß stets Der, der zur Zeit der ersten Delation der Nächstberech=
tigte ist, die Delation bekommen, er muß den vor ihm Stehenden
gegenüber nicht nur als nach ihnen, sondern ebenso auch, für den
Fall, daß sie ausfallen, als anstatt ihrer berufen gelten. Dieses
liegt in dem Begriffe vom Familien=Fibeikommiß, muß daher ganz
gleichmäßig gelten, mag es ein Singular= oder Universal=Fibei=
kommiß sein, und im letzteren Falle direkt oder indirekt mit einem
anderweitigen Erben angeordnet sein. Das Princip ist darum als
solches auch schon von den Römern anerkannt, sie drücken es in
L. 69. §. 3. D. de leg. II. so aus:

> proximus quisque primo loco videtur invitatus, — sed ita,
> si paratus sit cavere, se familiae restituturum.

Dieses proximus quisque bedeutet bekanntlich nicht „alle vom
nächsten Grade," sondern, wie im Prätorischen Edikte über die

Intestaterben das „uti proximum quemque." den, der jedesmal in concreto der nächste ist. Somit bezeichnet der Vorbersatz die Vulgarsubstitution, der Nachsatz die fideikommissarische. Das Princip möchte auch wohl bei singularen Familien=Fideikommissen, z. B. dem Fideikommisse eines Landgutes, kaum irgend einem Zweifel unterliegen, und kann auch dadurch nicht aufgehoben werden, daß etwa der Testirer bei der specielleren Ordnung der Succession sich ungenau ausdrückte, z. B. nach Anordnung einer Primogenitur sagte: „zuerst der älteste Sohn und seine Descendenz, nach deren Aussterben die des zweiten u. s. w." Wenn hier der älteste ohne alle Descendenz vor dem Erblasser stürbe, würde unzweifelhaft der zweite Sohn und nach ihm seine Descendenz aus der allgemeinen Fideikommißerrichtung berechtigt sein.

Dasselbe muß aber auch bei universalen Fideikommissen gelten. Man kann hier nicht etwa sagen, wenn die späteren eventuell berufenen Familienglieder nicht ausdrücklich als Vulgarsubstituten bezeichnet und berufen seien, so könnten sie zwar immerhin zum Fideikommiß im Ganzen berechtigt sein, nicht aber als direkte Erben des Stifters, sondern nur indirekt nach den Grundsätzen der römischen Fideikommisse, also unter Delation der direkten Erbfolge als solcher auf die Intestaterben. Denn wenn Jemand seine ganze Erbschaft als solche, oder eine Quote davon, zu einem ewigen Familien=Fideikommisse aussetzt, und demgemäß die einzelnen Familienglieder dazu beruft, so geht auch hier die Disposition von selber dahin, daß dem Gegenstande des Fideikommisses die dazu berufenen Familienglieder gleichmäßig eventuell gegenüberstehen, so daß auch hier „proximus quisque primo loco videtur invitatus." Wer der Erste, wer der Zweite sein wird, wer also im römischen Sinne heres, wer fideicommissarius sein wird, kann der Erblasser im voraus nie sicher wissen, und ist auch für seinen Plan als solchen völlig gleichgültig, da er ja eben nicht für die Einzelnen als solche, sondern für den Glanz der Familie, und daher für die Einzelnen nur als Familienglieder sorgen will. Wer bei seinem Tode der nächste zum Fideikommisse Berechtigte ist, der ist damit von selber auch zu dessen Gegenstande, also der Erbschaft als solcher, somit als eigentlicher heres, berufen und eingesetzt. Die vulgare und fideikommissarische Substitution sind somit auch hier von selber enge mit einander verbunden. Eine Trennung und Beschränkung auf

letztere hätte in der Regel, und namentlich wenn die g a n z e Erb=
schaft zum Fideikommiſſe ausgeſetzt iſt, gar keinen Sinn, und müßte,
wenn ſie je einmal aus ganz beſonderen Gründen vom Erblaſſer
beabſichtigt wäre, jedenfalls ſehr ausdrücklich im Teſtamente ange=
ordnet werden. Bloße Ungenauigkeiten im Ausdrucke bei der ſpe=
cielleren Ausführung der einzelnen Familienglieder in der oben
bezeichneten Weiſe würden noch keinen genügenden Grund zur An=
nahme der Trennung geben. Denn natürlich muß hier wie bei allen
Erbeinſetzungen das Princip des neuen römiſchen Rechts gelten, daß
beſtimmte Formen und Formeln zur Erbeinſetzung nicht nothwen=
dig ſind, ſondern daß jede hinreichend deutliche und erkennbare
Erklärung des Willens genügt.

In dieſer Beziehung kommt das in Betracht, was bereits in
dem Berliner Urtheile ausgeführt iſt, daß überhaupt der Unter=
ſchied der fideikommiſſariſchen und vulgaren Subſtitution dem eigent=
lich praktiſchen und materiellen Gehalte nach nicht ſo groß iſt, wie
es bei der römiſchen formellen Scheidung von Erbeinſetzung und
Vermächtniß ſcheint. An ſich iſt ja der Unterſchied gar kein anderer,
als der: n a ch einem Andern, und ſt a t t eines Andern in ein Recht
einzutreten, und dabei verſteht es ſich von ſelbſt, daß in der Regel
wer das erſte will auch das zweite will. Bei Legaten, wo das
Recht für beide Perſonen gleichartig iſt, iſt daher auch gar kein
Zweifel, daß wenn B eine Sache n a ch dem A haben ſoll, er ſie
beim Ausfall deſſelben gleich ſt a t t deſſelben bekommt, die inbirekte
Subſtitution alſo als birekte gilt. Bei Erbſchaften iſt der Sache
nach das Verhältniß eigentlich daſſelbe, indeſſen iſt hier nach römi=
ſchem Rechte das formelle Hinderniß, daß, weil Erbſchaften nicht
direkt von einem Erben · auf einen andern übergehen können, hier
die Berufung n a ch einem Andern nur in der Form des Vermächt=
niſſes, und nur die ſt a t t eines Andern in der der Subſtitution,
möglich iſt, die Umwandlung aber eines Vermächtniſſes in eine
Erbeinſetzung formell unzuläſſig ſcheint. Daß nur hierin der
Grund liegt, ſieht man daraus, daß bei der Pupillarſubſtitution,
wo ausnahmsweiſe ſucceſſive Erbeinſetzung möglich iſt, die pupillare
in der Regel die vulgare, alſo das „n a ch“ das „a n ſt a t t“, in ſich
ſchließt. Eben darum haben die Römer ſelber ſogar auch ſchon bei
Erbſchaft und Fideikommiß die innere materielle Verwandtſchaft
beider Begriffe anerkannt, und in den Fällen, wo man ausnahms=

weiſe von der Form abſah und ſich nur an den Willen und die
Abſicht hielt, zur Geltung gebracht, nämlich bei den Soldaten-Teſta-
menten. Hier wurde das fideic. libertatis et hereditatis für einen
Sclaven, wenn der heres ausfiel, als direkte Freilaſſung und Erbeinſetzung, alſo als vulgare Subſtitution, behandelt, und zwar aus
dem Grunde, weil:

utraque ad eum pervenire, testatorem voluisse negari
non potest,

und Prinzip ſei, daß:

militum per omnia rata esset voluntas suprema.
L. 13. §. 1. l. 14. D. de test. mil. (29, 1);
L. 40. D. de fideic. libert. (40, 5).

Wenn Wächter dagegen einwendet, daß die römiſchen Juriſten
dieſem Satze keine weitere analoge Anwendung gegeben hätten, ſo
iſt das zwar ganz richtig und konnte auch bei dem geltenden formellen Unterſchiede von hereditas und fideicommissum gar nicht
anders ſein; allein es handelt ſich hier nur darum, daß die Römer,
wenn ſie rein auf den Willen und die Abſicht ſahen, es als natürliche Interpretationsregel anerkannten („negari non potest“), daß
in der fideikommiſſariſchen Subſtitution eventuell eine vulgare enthalten ſei. Daß nun in der heutigen modernen Lebensauffaſſung
beide Subſtitutionen einander noch viel näher getreten ſind, iſt bekannt und zeigt ſich darin, daß während im Römiſchen Rechte das
Univerſal-Fideikommiß niemals unter den Begriff der Subſtitution
geſtellt iſt, im Mittelalter ſofort ſchon im kanoniſchen Rechte die feſte
Eintheilung von substitutio directa und obliqua auftritt,

c. 1. de testam. in VI.

und in den neueren Geſetzbüchern geradezu eine Präſumtion von der
letzteren auf die erſtere aufgeſtellt iſt. Wenn Wächter dagegen einwendet, daß dieſe Geſetze für das gemeine Recht nicht gelten, und
das kanoniſche Recht die Präſumtion nicht enthalte, ſo iſt das unzweifelhaft richtig, allein es handelt ſich hier nicht um Konſtatirung
eines derartigen Rechtsſatzes, ſondern nur um die Willensinterpre-
tation aus den Anſchauungen des modernen Lebens, die ſich in jenen
Rechtsquellen ausſpricht. Daraus folgt bei der Formloſigkeit der
Erbeinſetzung im neueren Römiſchen Rechte von ſelbſt, daß man bei
uns die indirekte Subſtitution in der Regel als direkte aufrecht zu
erhalten hat, ſofern nicht eine andere Abſicht des Teſtirers erſichtlich

ist. Dies wird denn auch vollständig und unbedenklich von praktischen Auctoritäten anerkannt, wie z. B. von

Mühlenbruch, in Glück's Komment. B. 40. S. 257; Sintenis, prakt. Civilrecht B. 3. §. 174 n. 1. a. E.

Daß aber, wenn dieses schon im Allgemeinen angenommen werden muß, es gerade bei Familien=Fideikommissen, um die es sich hier allein handelt, noch viel weniger einem Zweifel unterliegen kann, versteht sich nach den obigen Ausführungen von selbst.

Wenn aber Wächter auch hier wieder einwendet, man könne jenes Verhältniß der direkten und indirekten Substitution höchstens für die neuere mit neuen Elementen operirende Theorie und Praxis zu= geben, im vorigen Jahrhunderte zur Zeit der Frau v. W. sei davon noch keine Rede gewesen, damals habe man noch strenge den römi= schen Standpunkt festgehalten, so erledigt sich dieser Einwand hier wohl wie oben durch den Hinweis auf die damals gerade in dieser Sache ergangenen Dekrete der Sächsischen Gerichte, die ganz ohne alles Bedenken die fideikommissarische Berufung und Substitution der v. Metzsch'schen Vettern als Vulgarsubstitution behandelt und den damals berechtigten F. C. v. Metzsch für den wirklichen heres fiduciarius erklärt haben. Ueberhaupt aber ist es anerkannt, daß die modernen Abweichungen vom Römischen Rechte zwar meistens erst in der neueren Theorie gehörig gewürdigt und innerlich begründet sind, daß sie aber der Sache nach alle längst in der Praxis her= gebracht waren und nur in der Theorie unbeachtet blieben, daß viel= mehr der Sache nach gerade umgekehrt die neuere Theorie die Be= folgung des Römischen Rechtes strenger nimmt als die ältere.

§. 14.

Unter diesen Umständen bleibt:

d) nur noch die Frage über, ob etwa im vorliegenden Falle die besonderen Umstände oder Ausdrücke des Testamentes des Grafen v. M. die Anwendung der obigen Interpretation in Betreff der Vulgarsubstitution ausschließen. In dieser Beziehung ist nun be= reits in den oben genannten früheren Urtheilen zur Genüge aus= geführt, daß der einzig scheinbare Anhalt in den Worten „nach Ab= gang meiner Descendenten" in §. 12. des Testamentes liegt, die bei buchstäblicher Interpretation als blos fideikommissarische Substitution gefaßt werden könnten; daß aber allen übrigen Umständen nach in der That kaum ein Zweifel über die weiter gehende Absicht des Testirers sein kann. Auch die Vertheidigung des Hohen Herrn Verklagten sowie das Wächter'sche Gutachten haben keinen anderen Anhalt als jene Worte und suchen nur auszuführen, daß die weiter gehende Absicht des Erblassers nirgend im Testamente direkt ausgesprochen sei.

Eine vollständige Wiederholung der in den genannten Urtheilen hiergegen ausgeführten Gründe würde hier zu weit führen; nur folgende Hauptpunkte mögen hier nochmals besonders hervorgehoben werden:

1. Vor allen Dingen darf man die Worte nicht vereinzelt aus ihrem Zusammenhange herausgerissen beurtheilen. Wenn es überhaupt bei allen Interpretationen erste Hauptregel ist, über das einzelne nur in seiner Verbindung mit dem Ganzen zu entscheiden, so ist dies besonders wichtig bei Familien-Fideikommissen, die eine einheitliche Stiftung für eine ganze Familie auf ewig sein sollen, bei der also alle Bestimmungen über die einzelnen Familienglieder nur entweder bloße speziellere Ausführungsbestimmungen oder besondere Ausnahmebestimmungen sein können, somit von diesem Gesichtspunkte aus beurtheilt werden müssen. So ist nun namentlich bei dem vorliegenden Testamente die Hauptbestimmung die im §. 7.

Alle mein übriges Allodialvermögen, und wenn ich keine Söhne bekommen sollte, auch die Uebermaße meiner Lehn, — soll zu einem ewigen, einfolglich auf keine Art und Weise aufzuhebenden, Fideikommiß zur Konservirung der gräflich und freiherrlich Metzsch'schen Würde, Namens und Wappens ausgesetzt sein. In dieses Fideikommiß succediren nun zunächst meine etwa noch zu erzeugenden Söhne u. s. w.

Auf eine gar nicht zu mißdeutende Weise ist hier die ganze Erbschaft ganz allgemein für die ganze Familie auf ewige Zeiten zum Fideikommiß ausgesetzt. Daß der Graf v. M. dabei von vorn herein keineswegs blos an seine eigene Nachkommenschaft, also die gräfliche Linie, sondern ganz bestimmt an die Familie im Ganzen, also auch die freiherrliche Linie, dachte, hebt er ausdrücklich hervor in den Worten:

„zur Conservirung der gräflich und freiherrlich M. Würde."

Ja er zeigt deutlich, daß er überhaupt gar nicht sicher auf eigene Nachkommenschaft rechnete, da er erst sagt:

„wenn ich keine Söhne bekommen sollte"
und nachher:

„zunächst meine etwa noch zu erzeugenden Söhne";
selbst in der Einleitung des ganzen Testamentes hatte er schon gesagt:
„sowohl unter meinen künftigen Kindern, als wenn ich deren
keine erlangen sollte, einfolglich ohne eheliche Erben versterben
sollte," —

Bei dem ganzen Fideikommisse lag also der Gedanke der eigenen
Kinderlosigkeit, und daß es daher vielleicht überhaupt nur in seinen
Seitenverwandten zur Existenz kommen würde, von vorn herein voll=
ständig in seinem Bewußtsein. Sie ist von ihm so unzweideutig
ausgesprochen, daß die Bestimmung, das Fideikommiß solle für die
Vettern doch nur dann gelten, wenn ihm zuvor Descendenten geboren
und zuerst in das Fideikommiß eingetreten wären, sonst solle das
ganze Fideikommiß nicht gelten und folglich seine, ausdrücklich voll=
ständig ausgeschlossene, Schwester das Vermögen ab intestato haben,
den absolutesten Widerspruch enthalten würde. Man kann dieses
Resultat auch nicht etwa:
2. durch den Nothbehelf umgehen, der schon früher in dem
Göttinger und nun auch wieder in dem Wächterschen Gutachten an=
gewendet ist, daß man sagt, die Vettern seien nur nicht zur Erb=
schaft als Erben, wohl aber zum Fideikommisse berufen, ihre Be=
rufung gelte also nur nicht als Erbeinsetzung aus dem Testamente,
wohl aber als Vermächtniß aus der Codicillarclausel. Dieser Aus=
weg ist absolut unzulässig.

Es ist hier die unabweisliche Alternative: entweder sind die
Worte „nach Abgang meiner Descendenten" buchstäblich zu nehmen
und als wirkliche Bedingung eines Vorganges von Descendenten zu
verstehen; dann sind sie es nach der Codillarclausel gerade ebenso
wie ohne diese, und für die indirekte Substitution ebenso wie für
die direkte; oder sie sind, wie Wächter sagt, einer „Deutung und
Ergänzung" aus dem offenbaren Willen des Erblassers fähig, dann
muß diese umgekehrt ohne die Codillarclausel gerade ebenso voll=
ständig eintreten wie mit dieser, und für die direkte Substitution
ebenso wie für die indirekte. Die Codicillarclausel kann daran nicht
das Allerminbeste ändern, da ihre Wirkung nur die ist, wie die alte
Regel sagt: supplet defectum solennitatis non voluntatis. Wenn
es wirklich der Wille des alten Grafen war, daß die Vettern das

Fideikommiß nur haben sollten, wenn zuvor Descenbenten dagewesen und dann abgegangen, d. h. ausgestorben wären, so kann dieser Wille aus der Cobicillarclausel weder gedeutet noch ergänzt werden. Wenn aber sein Wille war, daß die Vettern auf jeden Fall, auch wenn er gar keine Descenbenten bekomme, eventuell zum Fibeikommiß berufen sein sollten, so muß dieses auch für die erste birekte Berufung zum Fibeikommiffe gelten, und dann ist, da der Gegenstand des Fibeikommiffes die Erbschaft selber als solche ist, darin die birekte vulgare Substitution enthalten. Es ist ein innerer Widerspruch, wenn Wächter (S. 33) sagt, auch bei der freisten Auslegung des §. 12. könne man keine Vulgar-Substitution annehmen, weil ja der Erblasser mit den Worten „nach Abgang meiner Descenbenten" eine Voraussetzung gesetzt habe, unter der eine Vulgar-Substitution nicht denkbar sei, er also die Vettern nur für einen Fall berufen habe, bei dem von einer Vulgar-Substitution gar nicht die Rede sein könne. Dabei ist übersehen, daß, wenn die Worte „nach Abgang" freier, d. h. nach der offenbaren Absicht des Erblassers, gedeutet werden, diese Deutung eben gerade darin besteht, daß unter dem Falle des „Abgangs" der Fall der vollständigen Ermangelung als mitgemeint verstanden wird, von einer anderen „freien" Auslegung ist ja gar keine Rede; durch diese Auslegung wird nun aber gerade die Voraussetzung, bei der die Vulgar-Substitution unmöglich sein würde, aufgehoben und damit folglich von selbst die Vulgar-Substitution möglich gemacht. Nur darf man dabei nicht, wie Wächter auch hier thut, an eine Substitution der Vettern unter die Einsetzung der Kinder auf ihre Pflichttheile denken, sondern, wie oben nachgewiesen ist, nur an Substitution unter die Einsetzung des erstgebornen Sohnes in die übrige Erbschaft als Familien-Fibeikommiß. In dieser Beziehung ist aber, wie endlich:

3. noch hinzuzufügen ist, bis zu einem gewissen Grade die Vulgar-Substitution ganz unzweifelhaft in den Worten „nach Abgang", selbst bei ihrer engsten buchstäblichen Auslegung, enthalten. Wächter will in den Worten die Voraussetzung finden, daß der Testirer „Descenbenten bekommen werde, und diese in die Erbschaft und in das Fibeikommiß eintreten würden." Allein das besagen die Worte „nach Abgang meiner Descenbenten" nicht; aus ihren Buchstaben läßt sich keine andere Voraussetzung herausbringen, als daß Descenbenten geboren und wieder gestorben sein müssen.

Wenn der Erblasser daher geheirathet und Kinder bekommen hätte, und diese noch vor ihm mit Tode „abgegangen" wären, so wären die Vettern unzweifelhaft dem Wortlaute zufolge „nach Abgang" der Descendenten berufen gewesen, obgleich diese weder in ihre Pflichttheile noch in das Fideikommiß eingetreten wären. Demnach wäre dieses unzweifelhaft Vulgar=Substitution gewesen, nur natürlich nicht (wie auch hier wieder hervorgehoben werden muß) in die Erb= einsetzungen auf die Pflichttheile, sondern in die Erbeinsetzung auf das Fideikommiß. (Der Ausdruck, das Fideikommiß solle „nach Abgang der Kinder transferirt werden", steht nicht entgegen, da Translation, z. B. translatio legatorum, auch die successive Anord= nung bezeichnet.) Demnach hat der Erblasser für den Fall, daß ihm Descendenten geboren würden aber wieder stürben, schon aus= drücklich eine ganz allgemeine Substitution ausgesprochen, die, je nachdem der Tod vor oder nach dem Testirer erfolgte, als direkte oder indirekte auszuführen war. Die ganze ausdehnende Erklärung des §. 12. besteht somit nur darin, daß die für den Fall des Ster= bens der Kinder ausgesprochene Substitution auch auf den Fall des gar nicht geboren werdens erstreckt wird. Die Frage ist somit im Grunde gar keine andere, als die, welche in Rom schon vor Cicero bei der berühmten causa Curiana behandelt wurde, wo auch ein Vater seinen „etwa noch zu erzeugenden" Sohn eingesetzt und ihm für den Todesfall pupillariter substituirt hatte, und dann gar kein Sohn geboren wurde. Schon damals wurde die Pupillarsubstitution, die ja der Sache nach einer fideicommissarischen fast gleichsteht (ab= gesehen nur von dem, damals aber seltenen, Falle eines eigenen Vermögens des Pupillen), vom Falle des Todes auf den des nicht geboren werdens als vulgare von den Römern ausgedehnt, weil, wie Quintilian (Inst. orat. 7, 6) sagt:

Quis dubitaret, quin ea voluntas fuisset testantis, ut is, non nato filio, heres esset, qui mortuo!

Schon die damalige steife und unentwickelte Jurisprudenz nahm also an, daß in diesem Falle die Worte nothwendig aus dem Wil= len zu ergänzen seien. Cicero (Brutus. 198. pro Caecina. 53.) sagt in Beziehung darauf:

Quanta esset in verbis captio, cum in caeteris rebus tum in testamentis, si negligeretur voluntas! — verba reperta sunt, non quae impedirent sed quae indicarent voluntatem!

Die Entscheidung ist später zu der bekannten Präsumtion von der simplex auf die duplex substitutio ausgebildet, und damit im Principe für das geltende Recht anerkannt. Dem entsprechend kann auch ihre Anwendung im vorliegenden Falle nicht wohl bestritten werden.

Auch hat man darüber bei uns in der früheren Praxis zur Zeit der Frau v. W. gar keinen Zweifel gehabt. Es wird dies auf das vollständigste und deutlichste dadurch bewiesen, daß von der penibeln buchstäblichen Deutung des §. 12., auf die im gegenwärtigen Prozesse das Hauptgewicht gelegt wird, damals noch gar keine Rede war, weder bei der Frau v. W. selber, noch ihrem Advokaten, noch der Göttinger Fakultät, noch der Leipziger, noch den Dresdener Gerichten. Keinem von allen kam der geringste Zweifel daran, daß die Vettern den Kindern im Fideikommisse absolut substituirt seien, sowohl direkt als indirekt. Der Zweifel war ihnen nur, ob die Substitution im Fideikommisse sich auch auf die Erbschaft und die Erbeinsetzungen der Kinder erstrecke. Bei der Einholung des Göttinger Gutachtens hat der Advokat der Frau v. W. alle möglichen Zweifel gegen die Gültigkeit des Testamentes aufgesucht und in 22 Fragen zusammengestellt, darunter sind zum Theil recht alberne, wie z. B. die schon oben berührte Ungültigkeit wegen der späteren Geistesschwäche des Grafen und die „wunderlichen Dinge" im Testamente, allein daß der §. 12. durch seine buchstäbliche Auslegung ein Mittel zur Anfechtung des Testamentes oder gar des ganzen Fideikommisses abgeben könne, das kam ihm doch nicht in den Sinn. Ebensowenig ist die Göttinger Fakultät bei ihrer weitläufigen Erörterung darauf verfallen. Der Erste, der überhaupt auf den Gedanken gekommen ist, ist allerdings keine geringe Auctorität, nämlich v. Savigny, in dem beim Gegenbeweise producirten Gutachten vom J. 1811, welches die Nachfolger der Frau v. W. von ihm eingeholt hatten. Offenbar hängt indessen dasselbe mit dem ganzen damaligen wissenschaftlichen Standpunkte Savigny's zusammen, gegen die allzufreie und willkürliche Behandlung des Römischen Rechts in der damaligen Theorie und Praxis wieder mehr den Buchstaben und strikten Inhalt des Römischen Rechts zur Geltung zu bringen. Wie er dabei in der Theorie vielleicht mitunter etwas zu weit ging, hat er auch hier in der praktischen Anwendung einen zu engen Standpunkt eingenommen.

4*

§. 15.

Die Ausführungen der §§. 10—14 haben gezeigt, daß die Beurtheilung des Testamentes des Grafen v. M., die den Urtheilen des ersten Verfahrens zu Grunde liegt und die rechtskräftige Ent= scheidung des dritten Urtheils herbeigeführt hat, sich auch bei wieder= holter Prüfung des Testamentes als vollständig begründet erweist, und daß alle dagegen vorgebrachten Gründe ihre Richtigkeit nicht zu erschüttern vermögen. Damit fällt die Behauptung, für die allein die ganze Untersuchung wiederholt werden mußte, nämlich, daß die Frau v. W. dem Inhalte des Testamentes zufolge vollstän= dig berechtigt gewesen sei, dasselbe für bestitut und daher sich für die Intestaterbin zu halten, von selber vollständig zusammen, und die Frage könnte nur noch sein, ob das Testament der Frau v. W. wenigstens einen genügenden Anhalt bot, um jene Ansicht zu fassen und bei sich zur Ueberzeugung auszubilden. Dieses wird nicht nur von Wächter, sondern auch in dem (Gießener) Urtheile der vorigen Instanz behauptet, weil man nur durch die feinsten Künste der Interpretation die Geltung des Testamentes begründen könne, und die Zweifelhaftigkeit der Entscheidung sich namentlich darin zeige, daß jedes der drei Urtheile die Gültigkeit in einer ganz verschiede= nen Weise begründen wolle.

Indessen ist diese Auffassung doch etwas gar zu allgemein ge= halten und man muß, um hier ein richtiges Urtheil zu fällen, zweierlei sehr wesentlich trennen und verschieden beurtheilen, nämlich die thatsächlichen und die rechtlichen Elemente, von denen die Gül= tigkeit des Testamentes abhängt:

a) In der ersten Beziehung lag die Sache für die Frau v. W. sehr einfach und sehr klar vor. Ueber die Thatsache, was eigentlich ihr Bruder gewollt und beabsichtigt habe, konnte sie nicht den allermin= desten Zweifel haben. Einerseits hatte er mit völlig unverblümter Klarheit im Codicille gesagt, daß die v. W. und Consorten sich nicht also gegen ihn aufgeführt hätten, um ihnen von seinem Ver= mögen etwas zufließen zu lassen“ und sie sich den dadurch zugezogenen Schaden selbst zuzuschreiben hätten, und daß im Gegentheile seine Erben verpflichtet sein sollten, den im Gange befindlichen Prozeß gegen sie wegen ihrer „recht vom Zaune gebrochenen Widerspenstig= keit ohne Ausnahme eifrigst fortzusetzen.“ Hierüber war also ein Zweifel nicht möglich. Anderseits lag die Absicht der Verwendung des Vermögens zu einem ewigen Familien-Fideikommisse ebenso klar und unzweifelhaft vor, und zwar in allen Hauptpunkten:

a) daß es nicht nur für seine Descendenz, sondern event. auch für seine Seitenverwandtschaft sein sollte, und zwar mit genauer Bestimmung der Personen und der Successionsordnung:

b) daß wenn er Kinder bekäme, diese nur den Pflichttheil haben sollten, alles Uebrige Fideikommiß sein sollte, somit wenn er keine Kinder bekäme überhaupt Alles;

c) daß er gar nicht sicher auf Kinder rechnete, somit für den Fall, daß er keine bekäme, die Vettern gleich primo loco eintreten sollten.

Ueber alle dieses konnte die Frau v. W., wenn sie das Testament einfach als Laie mit gesundem Menschenverstande durchlas, nicht den minbesten Zweifel haben, und hat ihn in der That auch faktisch gar nicht gehabt.

Von „seinen Künsten der Interpretation", wie das Gießener Urtheil sagt, von verschiedenen und widersprechenden Standpunkten konnte in allen diesen Beziehungen gar keine Rede sein. Das einzige „Kunststück" war, den Ausdruck „nach Abgang" mit auf den Fall der vollständigen Ermangelung zu beziehen. Darüber aber hatte die Frau v. W., wie oben gezeigt ist, gerade ebensowenig oder noch weniger einen Zweifel, als neuerdings die drei Fakultäten. Demgemäß ist denn auch unter allen den nichtigen und frivolen Anfechtungsgründen gegen die Gültigkeit des Testamentes, die der Advokat der Frau v. W. bei Einholung des Göttinger Gutachtens suppeditirt hat, kein einziger, der direkt oder indirekt darauf beruhte, daß es gar nicht im Willen und der Absicht des Erblassers gelegen habe, sein Vermögen für das Fideikommiß zu verwenden.

§. 16.

Somit konnte nur:

b) die Frage sein, ob in den rechtlichen Elementen des Testamentes für die Frau v. W. ein genügender Grund zum Glauben an seine Ungültigkeit lag.

Dabei tritt indessen ein wesentlich anderer Standpunkt der Beurtheilung ein, als bei den bisherigen faktischen Elementen. Es handelt sich nun um reine Rechtsfragen, nämlich um die Destitution des Testamentes, also um die Zulässigkeit der Errichtung des Fideikommisses durch Erbeinsetzung, und über das Verhältniß der direkten und indirekten Substitution. Eine unrichtige Auffassung dieser Punkte würde also ein Rechtsirrthum sein und nach dessen Grundsätzen zu beurtheilen sein. Daraus folgt aber:

1. In Betreff der psychologischen Beurtheilung des Irrthums, daß hier der Laie als solcher gar kein eigenes Urtheil und Wissen hat. Ueber die Thatsachen hat der Laie eigene Kenntniß und eigenes Urtheil. Die Kenntniß wird ihm durch die äußeren Umstände von selber gegeben und zu ihrer Beurtheilung gehört nur der allgemeine gesunde Menschenverstand. Frau v. W. konnte nach ihrer Kenntniß ihres Bruders aus seinem Charakter, seinen Neigungen und seinen Lebensschicksalen und seinem Verhältnisse zu ihr und seinen übrigen Verwandten wohl ziemlich sicher beurtheilen, welche Intentionen er in Betreff seines Vermögens und des Fideikommisses in Beziehung auf dieselben und seine Descendenten und Seitenverwandte gehabt habe. Dagegen konnte sie über die Frage, ob eine Erbschaft als solche zum Gegenstande eines deutschen Familien-Fideikommisses gemacht werden darf, ob der erste Fideikommissar zugleich Erbe sein kann, ob eine fideikommissarische Substitution eventuell als vulgäre gelten kann u. s. w., an sich gar kein Urtheil haben. Alle diese Fragen setzen Kenntniß der Rechtssätze als solcher, und hier der Verschiedenheit des Römischen und Deutschen Rechts, voraus, und können daher nur von dem, der durch Studium oder Praxis Rechtserkenntniß erworben hat, beurtheilt werden, nicht aber vom Laien als solchen. Der Laie hat also nur die Wahl, entweder nach seinem Rechtsgefühle und etwaiger eigener Erforschung der Gesetze sich eine Rechtsansicht und einen Glauben zu bilden, oder einen Rechtsverständigen zu befragen. Das erstere steht ihm natürlich frei, allein ebenso versteht sich, daß solche selbstgemachte, vielleicht ganz unsinnige, Rechtsansichten und Deductionen keine bona fides begründen können, sonst könnte sich ja Jeder selber seine bona fides in iure zusammenkonstruiren. Es zeigt sich dabei recht deutlich, wie wenig der bloße factische gute Glaube zur bona fides genügt, und wie richtig das Römische Prinzip ist, daß der error iuris keine Usucapion begründen kann. Daraus folgt nun aber, wie wenig Gewicht darauf zu legen ist, wenn die beiden bisherigen Erkenntnisse und auch Wächter die wahrscheinlichen Ansichten der Frau v. W. über diese Rechtsfragen psychologisch a priori zu deduciren und festzustellen suchen. Wenn

Wächter z. B. sagt: „Die Auffassung, daß in der Stiftung eines
Deutschen Familien-Fideikommisses zugleich eine Erbeseinsetzung enthalten sei, mußte einem Laien, vollends in damaliger Zeit, ganz
fern sein", so könnte man ebenso gut sagen: dem Laien, vollends
in damaliger Zeit, lag die ganze Trennung von Erbeinsetzung
und Universal-Fideikommiß vollständig fern, er fand gar kein Bedenken darin, sein ganzes Vermögen direkt zum Fideikommiß zu
machen u. s. w. Was kann überhaupt darauf ankommen, was sich
ein Laie in seiner Rechtsunkenntniß für Ideen, Vorstellungen oder
Fantasien vom Rechte macht!

Demnach steht die Sache so: Das einzige vom Testamente, was
die Frau v. W. selber ohne Rechtskenntniß verstehen und beurtheilen
konnte, aber auch mußte, war, daß ihr Bruder ihr absolut und unbedingt gar nichts zuwenden wollte, daß er für den Fall, daß er
keine Kinder bekäme, vielmehr sein ganzes Vermögen als Fideikommiß seinen Vettern geben wollte. Hierüber hatte sie auch keinen
Zweifel. Die Frage war nur für sie, ob sie diese Bestimmungen
anerkennen und gelten lassen müsse, oder ob sie dem Testamente
nicht in irgend einer Weise, d. h. aus irgend einem formell juristischen Grunde beikommen und es, wie der alte Graf schon voraus-
gesagt hatte, „mit allerlei Distinctionen untergraben" könnte. Darüber konnte sie aber für sich allein keinenfalls zu einer irgend begründeten Annahme und zu einem wirklichen Glauben kommen,
sondern durchaus nur durch Befragung ihres Advokaten und durch
Belehrung von diesem. Daß dieser ihr nun die Möglichkeit vor-
geredet hat, mochte er selber daran glauben oder nicht, daß sie ihm
Alles, was er zu ihrem Vortheile und wie sie das schöne Rittergut
bekommen könne, gerne aufs Wort geglaubt hat, daß sie ihre bis-
herige mala fides bereitwilligst mit der neuen bona fides vertauschte,
wer möchte das widerlegen, ja nur sicher leugnen wollen? Aber
kann man das nun bona fides nennen? Allerdings, wenn fides
wirklich nichts Anderes wäre, als das factische Glauben, so müßte
man es. Aber die fides, die Cicero „fundamentum iustitiae" nennt,
und von der A. Gellius sagt, daß das römische Volk „omnium vir-
tutum maxime et praecipue fidem coluit sanctamque habuit", die
ist es sicherlich nicht.

Es entsteht daher

2. die Frage, wie das Verhältniß der Parteien und ihres

Rathgebers in dieser Beziehung zu beurtheilen ist. Offenbar darf man beide nicht trennen und nur darauf sehen wollen, was die Partei selber geglaubt hat. Denn sonst würde der gewissenlose Advocat, der die Unhaltbarkeit eines Anspruchs wohl erkennt, aber den fetten Prozeß nicht aus der Hand geben will und daher der Partei die Durchführbarkeit einredet, diese stets in bona fides ver=setzen. Damit würde ja alle und jede vernünftige und rechtliche Beurtheilung der bona fides ganz vollständig aufhören. Jede Frage um Rechtsbelehrung ist ein Mandat, das Mandat, die Belehrung zu ertheilen. Der Berather ist daher gewissermaßen der Vertreter des juristischen Denkens, Wissens und Glaubens des Quärenten. Er muß daher nach Analogie der sonstigen Vertretung bei der Usu=capion beurtheilt werden. Wie sonst die mala fides des Vertreters dem Usucapienten schadet und die bona fides ihm nichts nützt, wenn er selber in mala fide ist, so muß es auch hier sein. Es ist das um so zweifelloser, weil namentlich bei Advocaten die Verhältnisse von Beistand, Berathung und Vertretung gar nicht so scharf getrennt sind, sondern oft ganz in einander übergehen.

Wenn nun aber das juristische Meinen und Glauben des Be=rathers ganz als das des Quärenten behandelt werden muß, so folgt daraus, daß nicht nur dessen wirkliches Wissen des Unrechts, sondern ebenso auch schon sein leichtfertiges und grundloses Annehmen von solchen Rechtssätzen dem Quärenten schaden muß. So wenig die eigenen haltlosen juristischen Spekulationen und Fantasien der Partei ihr nützen können, so wenig können es auch die ihres Beraters.

Wer fremde Rechtsdeductionen annimmt, muß sich ebenso wie der, der sie sich selber macht, von vorne herein sagen, daß sie falsch sein können, daß der Gegner jedenfalls geradezu die entgegengesetzten Deductionen aufstellt, und die Entscheidung des Gerichts zweifelhaft ist. Ein solcher Zustand des Zweifels verhindert aber wahre bona fides. Man kann nicht sagen, man habe gezweifelt, man habe dem Berather unbedingt geglaubt u. dgl. Man muß sich sagen, daß auch der Berather irren kann; es ist von selber unredlich, sich seines Vortheils wegen sorglos und unbekümmert in einem Vertrauen und Glauben zu wiegen, dessen Begründung man gar nicht selber be=urtheilen kann, und dessen Unsicherheit man sich selber sagen muß. Unmöglich kann der höhere Grad der subjectiven Einseitigkeit und egoistischen Verblendung die Vortheile der bona fides geben, die dem

reblichen Unbefangenen und daher wirklich Zweifelnden fehlt. Dem=
nach kann es:

3. nur auf die objektive Begründung der Rechtsansichten, also
die objektive Entschuldbarkeit des Rechtsirrthumes ankommen.
Zwischen der Partei und ihrem Berather ist kein Unterschied, es
muß ein fester objektiver Maßstab angelegt werden; nicht das
entscheidet, was eine Partei subjektiv für Recht gehalten hat, son=
dern was sie dafür hätte halten sollen und können. Wer auf seine
oder seines Advocaten einseitigen Rechtsdebuctionen hin Sachen in
Besitz nimmt, mag das auf seine Gefahr hin thun, um die Vortheile
des Besitzes zu erlangen, aber er darf sich nicht, wenn die Debuc=
tionen sich nachher als falsch erweisen, für einen bonae fidei possessor
ausgeben und auf seine Debuctionen hin Rechte erwerben wollen,
auf die er an sich keinen Anspruch hatte.

Vielmehr greift nun hier nach den oben gegebenen Ausführun=
gen die Regel ein: in iure erranti non procedit usucapio. Diese
ist an sich ganz absolut ausgesprochen. Ausnahmen sind direkt nir=
gend gemacht und Wächter will sie daher ganz ausschließen, freilich
nur bei der beschränkten Beziehung, die er der Regel giebt. Man
wird sie nach den allgemeinen Grundsätzen allenfalls zulassen können,
aber natürlich nur selten und nur bei wirklich objektiver Entschuld=
barkeit, also wenn äußere Hindernisse der Rechtsbelehrung entgegen=
standen, oder im Rechte selber besondere Gründe der Entschuldbarkeit
liegen, wie bei Gewohnheitsrechten, fremden Rechten u. dgl. Da=
gegen ist es offenbar viel zu weit gegangen, wenn man auch bei
einfachen Controversen stets Entschuldbarkeit annehmen wollte, oder
dann, wenn Gründe und Auctoritäten für eine Ansicht angeführt
werden können, oder wenn ihre Widerlegung schwierig und weit=
läufig ist. Es giebt ja im Rechte fast gar keinen Satz, der nicht
in unserer weitläufigen Literatur irgendwie direkt oder indirekt be=
stritten wäre, und gegen den nicht irgend welche Gründe sich ein=
wenden ließen und eingewendet wären, und daß oft bei den grund=
losesten Behauptungen die Widerlegung die meiste Mühe macht, und
daß namentlich jeder Advocat es in der Hand hat, mit jeder weite=
ren Instanz die Rechtsausführungen und Widerlegungen immer
weitläufiger zu machen, das ist zur Genüge bekannt. Das Alles
kann aber über die bona fides der Parteien unmöglich entscheiden.
Man würde mit jenen Ausnahmen das ganze Princip der Behand=

lung des Rechtsirrthums aufheben und der mala fides Thor und Thür öffnen, da sie dann ganz leicht stets hinter Deduktionen, Citaten und Auctoritäten versteckt werden könnte. Wer wahrhaft redlich und bona fide ist, sagt sich bei solchen Verhältnissen, daß sein Recht zweifelhaft ist; er mag sein Recht versuchen, kann aber nicht den Schein einer festen zweifellosen Ueberzeugung prätendiren. Die Zweifel, die er entweder wirklich gehabt hat oder die er wenigstens hätte haben sollen, heben hier den Begriff der wahren bona fides auf. Es ist zwar von jeher in der Literatur und so auch in den Verhandlungen des gegenwärtigen Prozesses viel über die Bedeutung der Zweifel bei der bona fides gestritten. Der Streit hat aber einen wirklichen Boden nur bei dem Irrthume und den Zweifeln über Thatsachen und subjektive Rechte. Hier kann man einen festen und begründeten Glauben an sein Recht haben und doch die Möglichkeit der fremden Behauptung zugeben, weil man ihren Beweis verlangen und abwarten kann; bei Rechtssätzen ist eine solche Scheidung von Ueberzeugung und Gegenbeweis nicht möglich, die Möglichkeit der Gegenansicht hebt hier die Festigkeit der Ueberzeugung selber auf.

Beurtheilt man hiernach den vorliegenden Fall, so ist übrigens hier gar nicht einmal eine wirklich besonders zweifelhafte Rechtsfrage und ein sehr schwieriger Conflikt von Ansichten und Gegenansichten vorhanden. Die Sache ist im Gegentheil an sich ziemlich einfach, sie beruht eigentlich der That nach in Wahrheit nur auf der Frage, ob man sein Vermögen unmittelbar, d. h. ohne Vermittlung eines sonstigen Erben, zu einem Familien-Fideikommisse bestimmen kann, und diese Frage, wie sie heutzutage wohl kaum als zweifelhaft gelten kann, wurde auch damals von den kompetenten Erbschaftsgerichten ohne Weiteres bejaht. Der ganze Streit ist überhaupt nur dadurch entstanden, daß der Advocat der Frau v. W. in geschickter Weise, bewußt oder unbewußt, die Sache von der eigentlichen Frage abgelenkt und auf die eigentlich gar nicht begründete Frage hingeleitet hat, ob in der Substitution ins Fideikommiß auch eine Substitution in die Erbeinsetzungen auf die Pflichttheile enthalten sei. Dadurch hat sich schon damals die Göttinger Facultät verleiten lassen, die Sache schief aufzufassen, und natürlich ist dieser Gesichtspunkt denn auch im gegenwärtigen Processe zur Grundlage der Vertheidigung gemacht. Wenn aber in der gegenwärtigen sententia a qua gesagt wird, die Verschiedenheit der drei Urtheile des ersten Verfahrens zeige, wie schwierig und zweifelhaft die Sache sei, so ist dies nicht ganz den Akten entsprechend. Das erste (Göttinger) und dritte (Berliner) Urtheil haben in der Haupt=frage übereinstimmend denselben Standpunkt eingenommen, und nur das zweite (Haller) Urtheil hat sich verleiten lassen, auf die Abwege des Advokaten der Frau v. W. einzugehen.

Sieht man aber überhaupt von allen Auctoritäten ganz ab und nimmt nur die Sache selbst, so beruht die ganze angebliche bona fides der Frau v. W. allein und lediglich darauf, daß ihr Advocat ihr gesagt hatte, sie könne das Testament angreifen, weil die Berufung der Vettern zum Fideikommiß keine Substitution unter die Erbeinsetzungen der Kinder enthalte. Daß sie es geglaubt hat und gern geglaubt hat, ist freilich nicht unwahrscheinlich. Aber soll nun eine solche an sich völlig unbegründete, aber geschickte advocatische Verdrehung des richtigen rechtlichen Standpunktes, mag sie mit oder ohne Absicht geschehen sein, genügen, um die bona fides mit ihren positiven Folgen für die Verjährung zu begründen? Dann muß man wenigstens den Satz, daß Rechtsirrthum zur Usu=capion nicht nütze, aufgeben. Denn es wird wenige Fälle geben, wo der Rechtsirrthum einer Partei nicht in gleichem Grade wahr=scheinlich und entschuldbar erscheinen würde.

Wenn man nun noch hinzunimmt, daß die Frau v. W. sich von vorne herein mala fide in den Besitz gesetzt hatte, wissend, daß ein Testament da sei und daß sie ganz gewiß nicht darin eingesetzt sei, also in der Hoffnung, daß sie nach Eröffnung des Testamentes schon irgend einen Anhalt zur Anfechtung desselben finden würde, so muß man es vollends für ganz unmöglich erklären, daß jene Rechtsidee ihres Advocaten genügen könne, um bona fides und Ver=jährung für sie zu begründen.

3. Das Göttinger Gutachten.

§. 17.

Dieses Gutachten ist im gegenwärtigen Beweisverfahren die Hauptgrundlage der Vertheidigung geworden. Die beiden ersten Er=kenntnisse, das Tübinger und Gießener, nehmen ohne Weiteres an, daß dadurch die bona fides der Frau v. W. unwidersprechbar be=

grünbet sei, selbst wenn sie vorher mala fide gewesen sei, und dif=
feriren nur darüber, ob diese bona fides durch das spätere Leipziger
Erkenntniß wieder aufgehoben sei oder nicht. Dabei gehen beide
davon aus, daß der Auctorität der Göttinger Fakultät gegenüber
die Frau v. W. keinen Grund gehabt habe, an der Richtigkeit ihrer
Ansicht zu zweifeln, erst das Leipziger Urtheil hätte sie erst zweifel=
haft machen müssen. Beide legen also einfach und vollständig den
subjektiven und psychologischen Maßstab an, gehen babei aber nirgend
auf die wichtige Vorfrage ein, ob und wieweit dieser Maßstab hier
überhaupt möglich und zulässig ist. Doch ist diese hier sehr präju=
bicirend und keineswegs so einfach abzumachen, wie die Urtheile an=
genommen haben.

Es ist bereits oben ausgeführt, daß rein psychologisch genommen
auch schon kein Grund war, warum die Frau v. W. nicht ihrem
Advocaten hätte glauben sollen, daß sie Recht habe. Das Gießener
Urtheil sagt selber: sie hätte von einer seltenen Unbefangenheit sein
müssen, wenn sie ihm keinen Glauben geschenkt hätte. Es ist aber
auch gezeigt, daß namentlich in Betreff der Rechtsfragen einem sol=
chen Glauben überhaupt gar kein Werth beizulegen ist. Was wurde
nun daran durch das Göttinger Gutachten geändert? und wie?
Die Wirkung könnte entweder auf die Gründe des Gutachtens oder
auf die Auctorität der Fakultät gestützt werden. Die beiden Urtheile
legen das Hauptgewicht auf das erstere, indem sie daran die Frage
über die Abwägung der Gründe der Göttinger und Leipziger Fa=
kultät von der Frau v. W. knüpfen. Aber wohin führt das? Da=
nach soll also über eine Rechtsfrage, die nach der Ansicht der
Gießener Fakultät so schwierig ist, daß fünf Fakultäten verschiedene
Ansichten barüber gehabt hätten, und deren Entscheidung allerdings
ohne Kenntniß des Römischen und Deutschen Rechts gar nicht mög=
lich ist, die Frau v. W. nach persönlicher Prüfung der von beiden
Fakultäten vorgebrachten Gründe selber ein Urtheil fällen, und das
soll dann über ihre bona fides entscheiden! — Ist das nicht eine
reine Illusion? Welchen Werth kann ein solches Urtheil haben?
Mußte nicht die Frau v. W., wenn sie ehrlich sein wollte, sagen,
sie verstehe das nicht und müsse sich da ganz auf ihren Advocaten
verlassen? und kam dann nicht wieder Alles auf dessen, also ihres
Vertreters, Urtheil und — guten Willen hinaus?! Aber weiter noch.
Die Göttinger Ausführung ist in der Hauptsache nicht eigentlich

gründlich und genau. Die Hauptfrage, ob ein Deutsches Familien-
Fideikommiß direkt durch Erbeinsetzung gestiftet werden könne, über-
sieht das Gutachten ganz, ebensowenig geht es auf die Schwierig-
keiten ein, die der Erhaltung des Fideikommisses durch die Codicillarklausel entgegenstehen. Frau v. W. konnte diese Mängel natürlich
auch nicht aus eigener Rechtskenntniß ergänzen, und ihr Advocat,
wenn er wirklich tiefer in der Sache sah, was freilich nach seinen aufgestellten „quaestiones" nicht wahrscheinlich ist, konnte sich schwerlich
veranlaßt sehen, sie mit weiteren Scrupeln, die selbst die Göttinger
Fakultät nicht gehabt hatte, zu belästigen. Was kommt nun aber
da schließlich für eine bona fides in Betreff der Rechtsfrage heraus!
Die Regel in iure erranti non procedit usucapio verlöre jedenfalls
allen und jeden praktischen Werth.

Läßt man die Wirkung der Gründe fallen, und hält sich an
die Auctorität, so könnte man sagen: eben weil Frau v. W. kein
eigenes Urtheil über die Sache hatte und es sich auch nicht an-
maßen wollte, hat sie die Fakultät gefragt; sie hat aber ihre redliche
Absicht gerade dadurch gezeigt, daß sie sich bei den Ansichten und
Versicherungen ihres Advokaten nicht beruhigte, sondern eine höhere
Auctorität um ihre Ansicht befragt hat; nach deren Ausspruche aber
noch ferner zu zweifeln, war ihr nicht zuzumuthen. Allein, daß der
Hergang bei dem Gutachten so gewesen ist, ist völlig unerwiesen; es
kann gerade ebensogut so gewesen sein, daß der Advocat bei den auf-
tretenden Ansprüchen sich wegen seiner Verantwortlichkeit, namentlich
auch in Betreff der Folgen der mala fides, decken wollte und für
alle Fälle eine Information für sein weiteres Verhalten in der Sache
bei den zu erwartenden Prozessen zu erlangen wünschte. Dies ist
sogar der bei weitem wahrscheinlichere Grund. Denn nur daraus
erklärt sich, daß er in den 22 Fragen, die er der Fakultät vorlegte,
alle möglichen prozessualischen Eventualitäten bei der Sache zusam-
menstellte und Belehrung darüber erbat, und darunter namentlich
auch in qu. 5. die, ob die Frau v. W. im Falle des Unterliegens
als malae fidei possessor würde behandelt werden können.

Demnach könnte die Wirkung der Auctorität des Gutachtens
jedenfalls nur allgemein darauf gestellt werden, daß die Frau v. W.
ein so bedeutendes wissenschaftliches Collegium jedenfalls als eine
genügende Competenz habe ansehen müssen, um sich auf seinen Aus-
spruch vollständig verlassen zu können. Alle Möglichkeit, in Rechts-

fragen eine bestimmte Ansicht mit Vertrauen fassen und wirklich in
bona fides kommen zu können, scheint ja zu schwinden, wenn man
auch den Gutachten der Deutschen Rechtsfakultäten nicht mehr soll
trauen dürfen! Das ist allerdings richtig, allein es steht auch nir=
gend geschrieben, daß man den Satz in iure erranti non procedit
usucapio durch die Auctorität von Rechtsgutachten ausschließen könne.
Allerdings hat der, der sich ein Fakultäts=Gutachten geben läßt, eine
Berechtigung, den Inhalt als wahr anzunehmen, man kann ihm
keinen Vorwurf machen, wenn er einer solchen Auctorität Glauben
schenkt; man wird daher in der Regel keinen dolus und kein besseres
Wissen bei ihm annehmen können. Allein anderseits darf man die
Bedeutung solcher Gutachten doch auch nicht überschätzen. Ihr Zweck
ist doch an sich nur, dem Quärenten eine Belehrung über die be=
treffenden Rechtsverhältnisse und Rechtsfragen und eine von Sach=
verständigen kollegialisch erwogene Ansicht über dieselben zu geben.
Aber weiter darf man auch nicht gehen. Die Gutachten sind keine
Orakelsprüche und haben auch nicht einmal die Kraft der römischen
responsa prudentium der Kaiserzeit. Jeder Quärent muß sich sagen,
daß er doch immer nur die Ansicht einer bestimmten Anzahl von
Männern bekommt, die zwar im Allgemeinen ein sehr competentes
Urtheil über die Sachen haben, deren Aussprüchen aber eine beson=
dere formelle Kraft nicht zukommt, deren Meinung unter Umständen
auch sehr einseitig sein kann, so daß ihre Anerkennung bei den Ge=
richten sehr zweifelhaft ist, und man sich auf sie daher objektiv durch=
aus nicht sicher verlassen kann. Wie verschieden die Ansichten der
Fakultäten, namentlich unter dem Einflusse einzelner hervorragender
Mitglieder sein können, wie man sich danach ihre Richtung bei be=
stimmten Rechtsfragen häufig schon im voraus mit ziemlicher Sicher=
heit sagen kann, und zwar verschieden für verschiedene Fakultäten,
ist hinreichend bekannt (und wird in der Praxis in Prozessen bei
den zulässigen Exemtionen bestimmter Fakultäten auch zur Genüge
benutzt). Es liegt darin auch an sich gar nichts Tadelnswerthes
und die Fakultäten Herabsetzendes, sondern im Gegentheil nur eine
natürliche und erfreuliche Folge des freien wissenschaftlichen Lebens
auf den Deutschen Universitäten, bei dem sich die Individualität der
einzelnen bedeutenden Persönlichkeiten selbständig und ungehemmt
entwickeln und Geltung verschaffen kann, und nicht wie bei subordi=
nirten Gerichten durch die Auctorität und Präponderanz eines ober=

sten Gerichts erstickt wird. Nur darf man ihnen darum keine größere
Kraft beilegen wollen, als ihnen natürlicher Weise von selber zukommt.

Die Consequenz hiervon für die Verjährung ist, daß ein Facultätsgutachten an sich zur Begründung der bona fides in Rechtsfragen nicht genügt und die Wirkung der Regel in iure erranti non
procedit usucapio nicht aufheben kann. Es ist nicht genng, daß
der Besitzer subjektiv glaubt, seine Ansicht sei die richtige, und daß
er dafür die Auctorität einer Fakultät hat. Auch sie ist nur ein
von ihm zu Rathe gezogener Berather, bei dem er sich die Möglichkeit des Irrthums von vorn herein sagen und deren Irrthum
er daher auf sich nehmen muß. Wie bedenklich es wäre, bei jedem
Fakultätsgutachten ohne Weiteres bona fides anzunehmen, zeigt
gerade das Göttinger Gutachten besonders deutlich, da dieses gerade
in den Hauptfragen des Rechtsstreites, der Einsetzung des Fideikommisses und der Wirkung der Cobicillarklausel, offenbar unge-
nügend ist und eigentlich nichts weiter enthält, als was der Advokat der Frau v. W. in seinen Quästionen selber schon angedeutet
hatte. Auf diese Weise würde der wohlthätige Satz in iure erranti etc.
gerade für wichtige Fälle im Resultate wieder fast illusorisch werden.

4. Das Leipziger Erkenntniß.

§. 18.

Selbst wenn man dem Göttinger Gutachten eine größere Bedeutung für die bona fides der Frau v. W. nach dem subjektiven
psychologischen Standpunkte beilegen wollte, als ihm nach den bisherigen Ausführungen zukommt, so würde deren Werth doch jedenfalls durch das Leipziger Erkenntniß vollständig wieder aufgehoben
werden. Es sind über dieses Erkenntniß in dem Tübinger Urtheile
und dem Wächter'schen Gutachten sehr weitläufige Ausführungen gegeben. Das Tübinger Urtheil nimmt an, das Leipziger Erkenntniß
sei zwar ziemlich oberflächlich, da es namentlich auf die Substitu-
tionsfrage bei dem Testamente gar nicht eingehe, es sei insofern an
sich nicht geeignet gewesen, die Frau v. W. von der Grundlosigkeit
ihrer Ansprüche zu überzeugen, allein es sei eben doch immer ein
gerichtliches Erkenntniß gewesen und habe darum der Frau v. W.
doch jedenfalls ebenso viel Mißtrauen in ihr Recht einflößen müssen,
als das Göttinger Gutachten ihr Vertrauen gegeben habe. Hier-

gegen hat Wächter geltend gemacht, daß das Urtheil blos die
Sequeſtration des v. S.'ſchen Hauſes betreffe, alſo blos poſſeſſoriſch
ſei und der Frau v. W. die petitoriſche Erbſchaftsklage ausdrücklich
vorbehalte; auch ſei es ſo oberflächlich, daß es ſage, Frau v. W.
habe gar keine Urſache der Ungültigkeit des Teſtamentes angegeben,
während dieſe ſich doch ausdrücklich auf den Mangel einer gehöri=
gen Erbeinſetzung berufen habe; unter dieſen Umſtänden habe das
Urtheil bie burch das grünbliche Göttinger Gutachten bewirkte Ueber=
zeugung der Frau v. W. nicht aufheben ober auch nur erheblich
ſchwächen können. Daſſelbe nimmt das Gießener Urtheil an.

Es iſt leicht erſichtlich, daß die Hauptvorfrage auch hier wieder
die iſt, in welcher Weiſe eine Einwirkung des Urtheiles auf die
bona ober mala fides der Frau v. W. überhaupt rechtlich möglich
war. Wenn man das Gewicht auf die überzeugende Kraft der darin
angeführten Gründe legen wollte, ſo konnte der Einfluß nicht groß
ſein, denn Gründe ſind überhaupt nicht weiter angeführt, als: die
Frau v. W. ſei nicht Erbe, der C. W. v. M. ſei „zum erſten herede
fiduciario eingeſetzt," bie übrigen Verwandten ſeien ausgeſchloſſen,
das Teſtament habe keinen äußeren Mangel, die Frau v. W. habe
gar keine Ungültigkeitsgründe angegeben. Es ſind das eigentlich
gar keine Gründe, ſondern Behauptungen, ober vielmehr, da es ein
Urtheil iſt, Entſcheidungen der einzelnen Vorfragen für die Haupt=
entſcheidung. Inſofern iſt es ganz richtig, daß das weitläufig aus=
geführte Göttinger Gutachten burch das Leipziger Urtheil nicht wider=
legt wird. Allein es iſt überhaupt falſch, die Bedeutung des
Urtheils und des Gutachtens gleichmäßig nach der überzeugenden
Darlegung ihrer Gründe zu bemeſſen. Ein Gutachten, da es beleh=
ren ſoll und nur durch ſeine Gründe wirken kann, muß ausführlich
ſein; ein Urtheil, da es nur entſcheiden ſoll und burch ſich ſelbſt
ſeine Kraft hat, braucht nur bie Geſichtspunkte für ſeine Entſcheidung
anzugeben, auch ohne Wiberlegung der Gegenanſichten, namentlich
wenn es ſich nur um proviſoriſche und Nebenpunkte handelt. Daraus
folgt nicht, daß es oberflächlich und nachläſſig abgefaßt ſei. Die
gewiſſenhafte Erwägung der Gründe für und wider iſt babei ſtets
von ſelbſt vorauszuſetzen. Auch iſt es bei dem Leipziger Urtheile
nicht begründet, wenn ihm Wächter (S. 51) ſogar Aktenwibrigkeit
vorwirft, weil es ſage, die Frau v. W. habe keinen Ungültigkeits=
grund angegeben, während dieſe boch „deficientiam validi testamenti

in eoque instituti heredis" ausdrücklich angegeben habe; denn ge=
rade auf den Grund, warum denn der C. W. v. M. nicht als ein=
gesetzt angesehen werden könne, kam es ja an; ohne ihn sind jene
Worte eine leere Behauptung.

Hiernach würde man nun selbst den psychologischen Eindruck des
Leipziger Urtheils nicht so bestimmen dürfen, daß die Frau v. W.
wie ein Rechtsgelehrter die Gutachten der beiden Fakultäten ver=
glichen, mit höherer Rechtskenntniß geprüft und sich für das Göt=
tinger wegen größerer Tiefe seiner Gründe entschieden habe. Vielmehr
möchte wirklich psychologisch der Erfolg wohl lediglich der gewesen sein,
daß sie durch das praktische Urtheil, welches ihre Prätensionen in
Betreff des Dresdener Hauses praktisch zurückwies, und zwar aus
Gründen, die auch ihren andern Ansprüchen allen Boden entzogen,
in einen nicht geringen Schrecken gerieth und zweifelhaft wurde, ob
sie sich auf ihr Göttinger Gutachten auch wohl verlassen könne
und ob sie am Ende praktisch viel damit erreichen würde. Ganz
gewiß aber hat sie sich diese Zweifel nicht selber mit eigener Rechts=
kenntniß gelöst, sondern ihren Advokaten gefragt, was er jetzt von
der Sache halte. Und unzweifelhaft hat dieser ihr geantwortet, sie
möchte die Dresdener Ansprüche am Ende lieber ganz ruhen lassen,
da sie da offenbar doch nichts erreichen würde, und ihre definitive
dortige Abweisung auch für ihren Besitz von Gollmenglin gefährlich
und präjudicirlich werden könnte, sie möge daher nicht appelliren,
sondern jetzt, wo noch der Zweifel wegen des Todes des C. W. v. M.
schwebe, sich ruhig mit ihrem Besitze von Gollmenglin begnügen
und das Weitere abwarten; komme dann eine Klage, so komme diese
an ein anderes Gericht, und da könne man denn versuchen, was mit
dem Göttinger Gutachten zu machen sei, jedenfalls habe er sie auch
wegen der Folgen der mala fides vorsorglich durch die qu. 5. im
Gutachten sicher gestellt. Daß der Advokat diesen Rath gegeben,
steht zwar nirgend geschrieben, aber es versteht sich nach den fakti=
schen Umständen so ganz von selbst (jeder Advokat würde heutzutage
ganz dasselbe rathen müssen) und wird überdies dadurch, daß die
Frau v. W. in der That nicht appellirt hat und überhaupt auch
von da an sich absolut nicht weiter in die Dresdener Verhältnisse
eingemischt hat, so augenscheinlich bestätigt, daß wohl kaum ein
Zweifel daran sein kann.

Nun entscheide man psychologisch und moralisch, ob ein solches

5

Verhalten noch als bona fides angesehen werden kann. Man könnte etwa sagen, Frau v. W. habe eben den Glauben an ihr Göttinger Gutachten nicht aufgegeben, zwar auf ihre weiteren Ansprüche als unburchführbar verzichtet, um so mehr aber in ihrem Gewissen sich berechtigt gefühlt, an Gollmenglin festzuhalten und die unberechtigten Ansprüche der Metzsch'schen Agnaten darauf abzuwarten. Allein auch dieser Schein verschwindet, wenn man die ganze Sachlage über= sieht. Frau v. W. hatte von Anfang an den Besitz mala fide und nur in omnem eventum ergriffen; auch durch die Eröffnung des Testamentes konnte sie in sofern keinenfalls in bona fides kommen, als sie über die faktische Absicht ihres Bruders, sie auszuschließen, nicht den mindesten Zweifel haben konnte und auch nicht gehabt hat; ihr einziger Anhalt war die Idee ihres Advokaten, daß sich das Testament aus einem formellen Rechtsgrunde, nämlich dem angeb= lichen Mangel in der Erbeinsetzung, anfechten lasse. Ueber diese Rechtsfrage nun hatte sie in dem Göttinger Gutachten eine ihr günstige Antwort bekommen, und das war die einzige Grundlage für ihre ganze bona fides. Diese wurde jetzt durch das Leipziger Urtheil zweifelhaft. Frau v. W. sah aus dem Urtheile jedenfalls, daß die Ansichten der Göttinger Fakultät von der Leipziger nicht getheilt wurden, daß diese vielmehr die Ansicht der Dresdener Re= gierung bestätigte, die das Fideikommiß von Anfang an als gültig behandelt und daher vorläufige Maßregeln für seine Ausführung er= griffen hatte. Mochte sie das Leipziger Urtheil für gut oder schlecht halten, so viel mußte sie sich jedenfalls sagen, daß sie die Göttinger Rechtsansichten nicht unbedingt und zweifellos als die richtigen an= sehen könne. Wenn man nun bedenkt, daß Rechtsirrthum eigentlich bona fides und Usucapion ganz ausschließt und Ausnahmen jeden= falls nur bei besonderer Entschuldbarkeit zulässig sind, so muß man diese hier offenbar ganz entschieden verwerfen, da von einer Ent= schuldbarkeit des Rechtsirrthums hier keine Rede sein kann. Denn das Mindeste wäre doch gewesen, daß sie nach der Kenntniß der Differenz der Rechtsansichten der Göttinger und Leipziger Fakultät zu irgend einer weiteren Nachforschung geschritten wäre, und zwar um so mehr, da es ihr so ganz unmittelbar nahe gelegt war, eine weitere Untersuchung und Entscheidung über das Verhältniß der Göttinger und Leipziger Ansichten zu bekommen, nämlich einfach, wenn sie gegen das Leipziger Urtheil appellirt hätte. Daß sie dieses nicht that, deutet sehr bestimmt darauf hin, daß sie (b. h. natürlich ihr Advolat) trotz ihres Göttinger Gutachtens weniger Hoffnung auf eine Aenderung als Furcht vor einer Bestätigung des ersten Urtheils hatte; und selbst wenn auch andere Gründe dabei mitgewirkt haben sollten, kann man es keinenfalls einen entschuldbaren Rechtsirrthum nennen, wenn Jemand, nachdem er so birekt und wirksam und von so kompetenter Seite auf die Zweifelhaftigkeit seiner Rechtsansicht aufmerksam gemacht ist, dennoch ruhig dabei bleibt und alle, auch die nächstliegenden, Schritte, ins Klare zu kommen, ganz einfach unterläßt. Abgesehen von der Appellation hätte sie ja auch durch Provocation gegen den F. C. v. M., da er ja gegen ihre Besitz= nahme von Gollmenglin förmlichen Protest eingelegt hatte, eine Ent= scheidung herbeiführen können. Allerdings war sie dazu sonst nicht verpflichtet, und vortheilhafter ist es für den Besitzer immer, ruhig zu warten, bis er verklagt wird; deshalb mag er es auch immerhin thun, allein er darf sich dann nicht hinterher in den Mantel der Tugend hüllen wollen, und, weil er sich seine bona fides nicht hat stören lassen, darauf hin weitere Rechte durch Verjährung in An= spruch nehmen wollen. Wahre bona fides, b. h. wirkliche Ehrlichkeit und Redlichkeit, ist in Betreff des Rechtsirrthums nicht, wenn man irrige Rechtsansichten faktisch hat, sie auf irgend eine Auctorität hin steif und fest glaubt und sich darin durch nichts irre machen läßt, sondern nur wenn man einen genügenden objektiven Grund hat, sie zu glauben, und falls man triftigen Grund bekommt, daran zu zweifeln, nicht einfach die Augen vor den Zweifeln verschließt, sondern gewissenhaft der Sache auf den Grund zu kommen sucht. Beruhigt man sich ohne weiteres, so liegt darin schon von selbst eine Art mala fides, und jedenfalls bleibt es dann bei der Regel, daß: in iure erranti non procedit usucapio. Wenn daher Wächter am Schlusse seines Gutachtens (S. 62, 63) sagt, es sei durch nichts bewiesen, daß Frau v. W. wirklich Zweifel und Bedenken an ihrem Rechte gehabt habe, und darum könne auch die ganze Frage, welche Be= deutung den Zweifeln beizulegen sei, gar nicht zur Wirksamkeit kommen, so muß man als Resultat der bisherigen Ausführungen vielmehr den Satz aufstellen: nicht die Frage, ob Frau v. W. Zweifel und Bedenken faktisch wirklich gehabt hat, ist das Entscheidende, sondern ob sie dieselben hätte haben sollen, und wenn auch jenes nur bis zur Wahrscheinlichkeit erbracht wäre, so ist doch dieses mehr als hin= reichend bewiesen. 5*

Schluß.

§. 19.

Den späteren erst nach dem Leipziger Urtheile eingetretenen Er-
eignissen, über die von den Parteien auch noch für und wider verhandelt ist, möchte, soweit sie nicht bereits in den bisherigen Ausführungen schon berücksichtigt sind, wohl keine große Bedeutung für
das Beweisthema zuzuschreiben sein. Denn wenn man annähme,
daß die Frau v. W. durch das Göttinger Gutachten wirklich und
auch rechtlich in bona fides versetzt sei, und diese auch durch das
Leipziger Urtheil nicht wieder aufgehoben sei, so ließe es sich auch
weiter wohl vertheidigen, daß sie sich auch durch die späteren Ereig-
nisse nicht mehr habe irre machen lassen, und daß diese auch nicht
etwa rückwärts einen Beweis für ihre frühere mala fides liefern.
Nimmt man aber umgekehrt an, daß die Frau v. W. von Anfang
an in mala fide war, und auch durch das Testament und das Göttinger Gutachten nicht in bona fides, wenigstens nach dem wahren
rechtlichen Begriffe der bona fides, gekommen ist oder diese wenigstens jedenfalls durch das Leipziger Erkenntniß wieder aufgehoben
ist, so liegt noch weniger irgend eine Thatsache vor, die später eine
bona fides bei ihr hätte begründen können, auch ist dieses von Seiten
der Vertheidigung nie behauptet.

Demnach hängt die Entscheidung ganz von den bezeichneten
früheren Verhältnissen ab; diese genügen aber vollständig um zu
einer festen Entscheidung zu gelangen, und zwar zu keiner andern,
als der:

daß der Beweis der mala fides der Frau v. Wülknifs als vollständig erbracht anzusehen ist.

(Berlin, 15. September 1870.)

II.

Theoretische Ausführung.

Das Wesen der bona fides.

§. 1. Die Theorie vom ächten und unächten Irrthum.

Man hat sich bei uns gewöhnt, den Ausdruck bona fides im Deutschen mit den Worten „guter Glaube" zu übersetzen und babei ben Gegensatz bes irrigen Glaubens zum richtigen Wissen als bie eigentliche Grundlage bes ganzen Begriffes anzusehen. Einzelne, wie namentlich Savigny, vermeiden zwar ben Ausbruck „guter Glaube" und setzen dafür „redliches Bewußtsein", nehmen aber boch in der Sache selber ganz denselben Standpunkt ein. Indessen darf man nicht glauben, daß damit für bas eigentliche practische Princip der Lehre eine wirkliche Uebereinstimmung gewonnen sei. Im Gegentheil ist mit bem Begriffe bes Irrthums ein Princip zu Grunde gelegt, was je nach dem Standpunkte, ben man bei der Lehre vom Irr= thume einnimmt, von vorne herein zu ganz verschiedenen Richtungen in der Beurtheilung bes Begriffes bona fides führt. Es tritt bas besonders auffallenb hervor, wenn man bie Theorien der beiben be= rühmtesten Bearbeiter der Lehre, v. Savigny und v. Wächter, mit einanber vergleicht.

Savigny stellt in seinem Systeme, in dem Excurse über ben Irrthum, die bekannte Unterscheidung von ächtem und unächtem Irr= thume auf. Zu dem ersteren rechnet er [1] „bie Fälle, in welchen der Irrthum die Folge hat, baß bie anfängliche Ungültigkeit eines Rechtsgeschäftes hinterher weggeräumt wird, also bie Ergänzung eines unvollständigen Rechtsgeschäftes burch ben Irrthum vermittelt werben kann". Unter biese Fälle zählt er neben verschiebenen an= beren auch bie Usucapion, indem er sagt: „Wenn eine Hanblung,

---

[1] System. Bb. 3. S. 363 ff.

wodurch Eigenthum erworben werden soll, dazu auf irgend eine Weise untauglich ist, so kann der Erwerber dieses entweder wissen oder nicht. Im ersten Fall ist ihm nicht zu helfen; im zweiten dagegen wird das anfangs fehlende Eigenthum durch den Ablauf der Usucapionszeit ergänzt, vorausgesetzt, daß der Irrthum die gehörige Beschaffenheit hat." Diese Beschaffenheit besteht aber darin, daß er „ein factischer und durch die Umstände gerechtfertigter, also nicht leichtsinniger, Irrthum" sei.

Auch Wächter (S. 15) geht von Savigny's Unterscheidung des ächten und unächten Irrthums, die er ausdrücklich als ein besonderes Verdienst Savigny's hervorhebt, aus, allein in völlig anderer Weise. Er bezeichnet „die zweite Kategorie, den unächten Irrthum," als die, „wenn der Irrthum blos ein Erkenntnißgrund eines nach einer gewissen Richtung mangelnden oder vorhandenen Willens ist," und rechnet dahin „namentlich auch den Fall der bona fides", indem er sagt: „Wenn Jemand eine Sache in den Besitz genommen hat, sich aber über einzelne Thatsachen, durch welche die Unrechtmäßigkeit seines Besitzes objectiv begründet wird, in einem Irrthume befindet, so ist hieraus zu erkennen, daß sein Wollen nicht auf Unrechtmäßiges gerichtet war, daß also die Thatsache der mala fides nicht vorliegt, sondern daß er das Rechtmäßige wollte, in seinem Rechte zu sein glaubte, daß also die Thatsache der bona fides vorhanden ist." Dem entsprechend fügt er in Betreff der Beschaffenheit des Irrthums hinzu: „Die Existenz dieser Thatsache aber, also die bona fides, kann dadurch, daß der Irrthum, aus dem das Wollen des Rechtmäßigen zu erkennen ist, ein mehr oder minder entschuldbarer oder ein unentschuldbarer war, nicht geändert oder beseitigt werden, so wenig als überhaupt etwas wirklich Daseiendes deshalb und dadurch ein nicht Daseiendes sein kann, weil es aus diesem oder jenem Grunde als ein Daseiendes sich ergab."

Vergleicht man beide Darstellungen, so ergiebt sich die eigenthümliche Erscheinung, daß beide von derselben Begriffsunterscheidung ausgehen und doch zu ganz widersprechenden Resultaten gelangen. Indessen ist allerdings die Uebereinstimmung im Ausgangspunkte, wenn man sie genauer prüft, nur eine scheinbare. Denn Wächter nimmt die Unterscheidung von ächtem und unächtem Irrthum in der That in einem andern Sinne als Savigny. Dieser bezeichnet[1])

---

[1]) System. 3, 440.

als ächten Irrthum die Fälle, wo „die regelmäßigen Folgen solcher juristischen Thatsachen, die auf dem freien Willen beruhen, durch das Dasein eines Irrthumes aufgehoben oder verändert werden, indem der Wille, mit Rücksicht auf diesen Irrthum, als ein unvollkommener Wille betrachtet wird;" den unächten Irrthum nimmt er im Gegensatze dazu dann an, wenn „der Fall, worin ein Irrthum vorkam, auch schon an sich selbst so gestaltet ist, daß es an den nothwendigen Bedingungen einer juristischen Thatsache fehlt, und es also nicht der Irrthum ist, der die Folgen derselben hindert." Wächter (S. 14, 15) bestimmt den Unterschied dagegen in folgender Weise: „Die erste Kategorie ist, wenn der Irrthum für den Irrenden Bestimmungsgrund zu einer Handlung war, und nun die Frage entsteht, ob ein solcher Irrthum geeignet sei, die regelmäßigen Folgen, welche die Handlung an sich nach dem bestehendem Rechte hat, für den Irrenden auszuschließen. Die zweite Kategorie, der unächte Irrthum, ist, wenn der Irrthum blos ein Erkenntnißgrund eines nach einer gewissen Richtung mangelnden oder vorhandenen Willens ist." Diese Unterscheidung vom Bestimmungs- und Erkenntnißgrund stimmt mit der Savigny'schen vom Irrthum bei an sich wirksamen und an sich unwirksamen Thatsachen nicht überein. Sie kann aber auch nicht als eine Berichtigung der Savigny'schen Begriffsbestimmungen angesehen werden, da die beiden Begriffe Bestimmungs- und Erkenntnißgrund gar keinen durchgreifenden Gegensatz bilden und bei den meisten Handlungen neben einander angewendet werden können. Wenn z. B. der Käufer den Verkäufer irrthümlich für den Eigenthümer hält, so ist dieser Irrthum insofern Bestimmungsgrund für ihn, als er ohne den Irrthum nicht von diesem Verkäufer gekauft haben würde, insofern aber Erkenntnißgrund, als man daraus sieht, daß er kein Unrecht gewollt hat. Wenn Jemand eine Nichtschuld zahlt, so ist der Irrthum insofern Bestimmungsgrund, als er ohne ihn nicht gezahlt haben würde, insofern aber Erkenntnißgrund, als man daraus sieht, daß er nicht den animus donandi gehabt hat u. s. w.

Natürlich müssen beide Gesichtspunkte zu sehr verschiedenen Resultaten führen. Indessen ist es nicht nöthig, schon hier darauf einzugehen. Es kommt zunächst nur darauf an, zu zeigen, wie unzulässig es ist, aus so abstract construirten Begriffsbestimmungen, wie denen des ächten und unächten Irrthums, durch weitere abstracte Folgerungen a priori den Inhalt eines so positiven Begriffes, wie der der bona fides, zu construiren und danach dann das practische Princip für die ganze Usucapion zu bestimmen. Eine Schlußfolgerung, wie die obige von Wächter: „so ist zu erkennen, daß er das Rechtmäßige wollte, in seinem Rechte zu sein glaubte, daß also die Thatsache der bona fides vorhanden ist", ist eine reine petitio principii, die den zu erweisenden Begriff der bona fides schon als feststehend voraussetzt. Die Methode kann keine andere sein, als erst einmal die Worte aus der Sprache zu erklären und danach dann den Begriff aus dem Zusammenhange des Systemes zu entwickeln.

§ 2. Die legislativen Möglichkeiten.

Allerdings ist es zweckmäßig, daß man, um den Boden, auf dem man sich bewegt, zu übersehen und Einseitigkeiten zu vermeiden, von allgemeinen Ideen und Gesichtspunkten ausgeht. Indessen darf dieses nur darin bestehen, daß man die legislativen Möglichkeiten, d. h. die verschiedenen practischen Standpunkte, die das Recht oder eine Gesetzgebung einnehmen kann, zusammenstellt und in ihrer practischen Bedeutung vergleicht. Die eigentliche Entscheidung und die practische Bestimmung der Begriffe selber kann immer nur aus dem positiven Material der einzelnen Gesetzgebung entnommen werden.

Im Allgemeinen ist nun in Betreff des s. g. guten Glaubens[1] ein doppelter Standpunkt möglich. Das Gesetz kann bestimmen, daß jeder, der nicht mit bewußter Widerrechtlichkeit eine Sache in Besitz bekommt, der also factisch den Glauben hat, daß keine Unrechtmäßigkeit vorhanden sei, usucapiren könne. Es kann aber auch sagen, nur der solle usucapiren, der bei redlicher Ueberlegung genügenden Grund habe, die Rechtmäßigkeit des Erwerbes anzunehmen. Im ersteren Falle genügt die einfache psychologische Thatsache, daß Jemand die Rechtmäßigkeit glaubt, also nicht mit Bewußtsein etwas unrechtmäßiges will, und es ist gleichgültig, ob sein Irrthum ein entschuldbarer ist, oder ob er leichtfertig und frivol ist und mit leichter Mühe und geringer Ueberlegung hätte vermieden werden können. Im zweiten Falle muß dagegen nach ethisch rechtlichen Grundsätzen bestimmt werden, wie weit die Pflicht des Nachdenkens

---

[1] Vom Erfordernisse des Titels, ob wirklicher Titel nöthig ist, oder Putativtitel genügt, und unter welchen Voraussetzungen, sehe ich hier ganz ab. S. u. §. 11.

unb der Ueberlegung den Umständen zufolge ging, unb unter welchen
Voraussetzungen daher der Glaube unb der Irrthum als ein ent=
schulbbarer unb gerechtfertigter angesehen werden kann.

Ich habe diese beiden Standpunkte oben im Gutachten § 3 unb 4
als psychologischen unb ethischen Standpunkt unterschieden. Dagegen
hat Wächter (S. 65) eingewendet, daß auch das Erforderniß des
rein factischen Glaubens unb die Ausschließung der bewußten Wider=
rechtlichkeit auf dem ethischen Principe beruhten. Das ist richtig.
Wie es bei der Widerrechtlichkeit verschiedene Abstufungen, vom do=
lus durch die culpa lata unb levis hindurch, giebt, so giebt es auch
bei der Redlichkeit verschiedene Abstufungen, von der bloßen Aus=
schließung des bewußten Unrechts an durch die geringere unb größere
Gewissenhaftigkeit bei der Ueberlegung hindurch. Insofern kann man
nur einen höheren unb nieberen oder strengeren unb laxeren ethischen
Standpunkt unterschieden, unb man muß die obige Unterscheidung
auf die Untersuchung über das Dasein des guten Glaubens be=
schränken, ob nur das factische Dasein des Glaubens nach seinen
psychologischen Elementen zu bestimmen ist, oder ob der ethische Be=
griff der Pflicht der Ueberlegung zu Grunde zu legen ist. In der
Sache selbst wird baburch nichts geänbert.

Das practische Verhältniß der beiden legislativen Standpunkte
ist natürlich, baß bei dem ersten die Usucapion bedeutend erleichtert
unb erweitert wird, bei dem zweiten sie mehr beschränkt wird. Ob
eine Gesetzgebung die eine oder andere Richtung einnehmen will,
hängt von anberweitigen legislativen Rücksichten ab. Eine absolute
Nothwendigkeit existirt weder für das eine noch für das andere.
Indessen ist oben im Gutachten § 3 unb 4 ausgeführt, zu wie be=
benklichen practischen Consequenzen das Princip des rein factischen
Glaubens in seiner wirklich psychologischen Durchführung nöthigt,
wie ungleich unb unbillig sich die Anwendung der Usucapion banach
gestaltet, während doch das Grundprincip aller Verjährung, die all=
gemeine Sicherung des Verkehrs, auch einen allgemeinen, gleichmäßi=
gen unb objectiven Maßstab für die Möglichkeit der Usucapion for=
bert. Es ist baraus die Folgerung gezogen, baß eine Gesetzgebung
mit Rücksicht hierauf den Vortheil der Usucapion nicht wohl bei
jedem Irrthum, bei jeder leichtfertigen eigennützigen Verblendung
eintreten lassen dürfe, sonbern nur bei einer durch redliche Ueberlegung
begründeten wirklichen Ueberzeugung gewähren dürfe. Wächter

(S. 69) nennt die Darstellung jener Consequenzen eine Carricatur, durch die man sich nicht irre machen lassen dürfe. Allein ein in seiner Naturtreue häßliches und abschreckendes Bild ist darum noch kein Zerrbild, und eine Widerlegung der Richtigkeit der Schlußfolgerungen habe ich nicht gefunden, sondern nur (S. 54—56) ein einfaches Be= streiten. Ich kann daher an meiner Ausführung nur festhalten und sie hier einfach wiederholen. Eigentlich entschieden wird die Sache dadurch natürlich nicht, dies kann, wie schon gesagt, nur durch die positive Entwickelung des römischen Begriffes der bona fides ge= schehen, allein es muß von vorne herein zweifelhaft erscheinen, daß die Römer, die ja bei der Frage durch kein Gesetz gebunden waren und freie Hand in der Entwickelung der natürlichen Billigkeit hatten, ein Princip angenommen hätten, das zu solchen Consequenzen führt. Allerdings könnte eine Gesetzgebung, wenn sie die Usucapion er= leichtern wollte, von jenen Consequenzen absehen und annehmen, daß nicht immer alles was möglich ist, auch wirklich häufig ist. In= dessen darf man die Vorfrage, ob das Princip der Erleichterung oder Erschwerung der Usucapion vorzuziehen ist, nicht zu leicht neh= men und namentlich muß man sich doch sehr hüten, unsere modernen zu einer gewissen formellen Strenge neigenden legislativen Tenden= zen ohne weiteres in das römische Recht hinein zu verlegen. Wenn z. B. Stintzing (S. 65) sagt, man dürfe die Usucapion nicht als einen außerordentlichen Erwerb auffassen, der nur einem besonders redlichen Mann zu Gute kommen solle, denn man komme dann leicht zu Consequenzen, die die Usucapion fast zur Unmöglichkeit machen, während sie doch vom Verkehr so dringend gefordert werde, so ist dieses Bedenken dem Gange der römischen Gesetzgebung und Rechts= bildung offenbar nicht entsprechend. Diese haben ganz entschieden nicht die Tendenz der möglichsten Erweiterung, sondern mehr der Be= schränkung der Usucapion. Man sieht das daraus, daß in Rom die Usucapion fortwährend durch Ausnahmen mehr und mehr be= schränkt wurde. Bei den Mobilien sagt schon Gajus (2, 49): in mobilibus non facile procedit, ut bonae fidei possessori usucapio com= petat, und dennoch klagt noch Justinian[1]) wieder darüber, daß die „miseri rerum domini excludebantur et nullus eis reservabatur re= gressus“, und hält es für dringend nöthig, daß die „inhumanae an-

---

[1]) L. un. C. de usuc. transform. (7, 31).

gustiae", bie „compendiosa iactura", bie „iura nocentia" ber Ufu=
capion noch weiter verminbert werben. Selbst in ben Novellen hat
er beshalb noch neue Beschränkungen hinzugefügt. Ob bas legis=
lativ zu billigen sei ober nicht, ist hier nicht zu untersuchen, keinen=
falls barf es aber blos nach ben legislativen Bebürfnissen ber
neuesten Zeit mit ihrem hastigen Drängen unb Treiben beurtheilt
werben. Das aber ist jebenfalls klar, baß man bem legislativen Prin=
cipe ber Erleichterung ber Usucapion in ber Beurtheilung unb Fest=
stellung bes wirklichen römischen Rechts nur einen geringen Einfluß
gestatten barf.

§. 3. Die s. g. Legalbefinition ber bona fides.

Wenn man hiernach von allen vorgefaßten Meinungen abstrahirt
unb unbefangen ben römischen Begriff ber bona fides zu erkennen
sucht, so ist zunächst festzustellen, baß man nicht von einer s. g. Legal=
befinition [1]), bie in L. 109 D. de V. S. enthalten sein soll, ausgehen
barf:

> Bonae fidei emtor esse videtur, qui ignoravit, eam rem alie-
> nam esse, aut putavit eum, qui vendidit, ius vendendi habere,
> puta procuratorem aut tutorem esse.

Die Stelle ist an sich offenbar keine Definition. Sie ist ein aus
seinem Zusammenhange herausgerissener Satz, bei bem bie Worte
„eam rem alienam esse" beutlich zeigen, baß vorher von einem
einzelnen Kaufe einer irgenbwie näher bestimmten Sache bie Rebe
war. Die Worte haben baher gar keinen anberen Sinn, als ben:
„Wenn ber betreffenbe Käufer nicht wußte, baß bie fragliche Sache
bem Verkäufer nicht gehöre, ober er wenigstens glaubte, baß berselbe
ein Recht habe, sie zu verkaufen, sei es als Procurator ober Vormunb,
so scheint er bona fide gekauft zu haben." Auch bas esse videtur ist
unter biesen Umständen bezeichnenb unb beutet an, baß boch auch
noch anbere Grünbe einer mala fides möglich wären. Justinian
hat bie Stelle nun zwar aus ihrem Zusammenhange herausgenommen
unb ihr baburch ben Schein einer Definition gegeben; inbessen ist bies
jebenfalls für bie Bestimmung ber Ibee, bie bie römische Rechts=
wissenschaft von ber bona fides gehabt hat, völlig gleichgültig, unb

---

[1]) Stintzing, S. 61. Brinz, Panbekten 1, 211.

auch für das Justinianische Recht kann sie nicht als eigentliche Defi=
nition gelten, da sie theils zu enge theils zu weit wäre. Es er=
giebt sich das, abgesehen von anderem [1]), schon daraus, daß man
unter Umständen auch „sciens alienam rem" usucapiren kann, da=
gegen bei Collusion mit dem Procurator nicht als bonae fidei emtor
gilt, wie unten weiter auszuführen ist. Die Stelle ist somit nur
eine von den vielen, in benen die Hauptfälle des Irrthums, der bei
der bona fides in der Regel stattfindet, angeführt werden.

§. 4. Die Fides der Römer.

Giebt man die vermeinte Legalbefinition auf, so läßt sich der
Begriff der bona fides nur aus dem Zusammenhange der einzelnen
Aeußerungen und Bestimmungen über dieselbe feststellen. Dabei kann
nun darüber wohl zunächst kaum ein Zweifel sein, daß die Grund=
bebeutung des Wortes „fides" nicht der „Glaube", sondern die
„Treue" ist. Der Sprachgebrauch des Wortes bei den römischen
Classifern ist neuerbings von M. Voigt [2]) einer eingehenden Unter=
suchung unterzogen. Es ist daraus ersichtlich, wie der Begriff der
fides [3]) aus bem der Treue in den bes Trauens übergeht, und da=
nach einerseits die Vertrauenswürdigkeit, also die Gewissenhaftigkeit
und Redlichkeit bezeichnet, anderseits das wirkliche trauen, also Ver=
trauen oder Glauben schenken, wie in den Ausdrücken fidem alicui
habere, facere, dare, afferre u. a. [4]) In biesem Sinne sagt Cicero
in der oben S. 14 angeführten Stelle, die fides, b. h. die allgemeine
Redlichkeit und das sich barauf stützende allgemeine gegenseitige Ver=
trauen, sei „fundamentum iustitiae." In derselben Weise kommen

---

[1]) S. barüber Burckharbt, S. 310 ff. Windscheid, Panbekten.
S. 176 n. 8.

[2]) Das ius naturale der Römer. 4, 377—390. Die Grundlage bafür hat
schon Döberlein, lat. Synonymit. 5, 256.

[3]) Fides ist stammverwandt mit πείθω (πεθ = fid). Curtius, griech.
Etymol. S. 246. Corssen, Beitr. 227. Cicero's Erklärung (de off. 1, 7)
„quia fit, quod dictum est, appellatam fidem" (Wächter S. 59) ist eine von
den bekannten etymologischen Spielereien der Römer. Isidor, Orig. 8, 2. bringt
sogar fit — fides — foedus zusammen.

[4]) Darauf beruht auch bas „fides est firma opinio" bei Cic. orator. part. I. 3.
Es wird erklärt durch die voraufgehenden Worte: (orator) inveniat, quemad-
modum fidem faciat eis, quibus volet persuadere.

jene Ausdrücke auch noch in den Pandekten vielfach vor[1]). Daß aber fides so schlechthin und einfach den Glauben an irgend etwas bedeutet, ist erst durch das Christenthum gekommen durch Ueber= setzung der griechischen πίστις[2]). Im Codex finden sich die Aus= brücke fides catholica, christiana und ähnliche allerdings schon ganz regelmäßig[3]). Indessen wäre das berühmte Wortspiel des canoni= schen Rechts[4]): „Quoniam omne, quod non ex fide est, peccatum est[5]), — nulla valeat absque bona fide praescriptio" einem Römer doch noch unmöglich gewesen.

Auf dem alten classischen Begriffe von fides beruht nun auch der Ausdruck bona fides. Das Beiwort bona bedeutet dabei nur eine Steigerung des Begriffes der fides und den Gegensatz zur mala fides, nicht eine besondere Art der fides. Es giebt nicht etwa drei Arten: bona fides, einfache fides, und mala fides, sondern fides und bona fides sind dasselbe, und mala fides ist ihre Negation. Die bona fides ist danach nichts anderes, als die Treue, Redlichkeit, Ehrlichkeit, Ge= wissenhaftigkeit im rechtlichen Verkehre. Der Begriff ist an sich in seiner eigentlichen Grundlage nur ein in sich einiger durch das ganze Recht hinburch, indessen versteht sich, daß in der Anwendung auf die verschiedenen Verhältnisse bei den verschiedenen Beziehungen bald die eine bald die andere Seite seines Inhalts mehr hervortreten kann, und wie es verschiedene Grade der Redlichkeit giebt, so auch verschiedene Grade der fides möglich sind. Daß aber „der juristische Begriff der bona fides in Verbindung mit negotia und mit actiones ein anderer ist, als bei der subjectiven bona fides eines Besitzers,"[6]) läßt sich nicht sagen. Der Ausgang der festen technischen Anwendung des Begriffes bona fides auf die Rechtsverhältnisse lag in der Fassung der formula: „quidquid Nn Nm Ao Ao dare facere oportet ex fide

---

[1]) Brisson. de V. S. sub v. Fides.

[2]) Krebs, Antibarbarus. S. 434.

[3]) Isidor, Chron. p. 773, sagt: „fidem Christi suscipere, d. h. den Glauben an Christus.

[4]) C. 20 X. de praescriptionibus.

[5]) Dies ist Uebersetzung aus dem N. Test. Römerbr. 14, 23: πᾶν δὲ, ὁ οὐχ ἐκ πίστεως, ἁμαρτία ἐστίν. Die Stelle ist öfter im canon. Rechte benutzt, z. B. c. 13 X. de rest. spol. (2. 13).

[6]) Wie Wächter (S. 59) meint.

bona."[1] Der Ausdruck actio bonae fidei ist nur eine spätere ab=
breviirte Bezeichnung für das, was Cicero[2] nach weitläufiger iudicia,
in quibus additur „ex fide bona" nennt, und erst aus der actio b. f.
ist dann weiter wieder der Ausdruck negotium b. f. gebildet. In
der formula haben nun aber die Worte „ex fide bona" unzweifelhaft
die subjective Bedeutung, schon an sich und weil sie aus der alten
Formel „uti ne propter te fidemve tuam captus fraudatusve siom"[3]
hervorgegangen sind. Wenn die Sache objectiv bezeichnet werden
soll, so heißt es „ex bono et aequo", so bei Gai. 3, 137:

alter alteri obligatur de eo, quod alterum alteri ex bono et
aequo praestare oportet.

und in §. 30 J. de action.

In bonae fidei iudiciis libera potestas permitti videtur ex bono
et aequo aestimandi, quantum actori restitui debeat.

Dem objectiven ex bono et aequo praestare steht daher parallel
das subjective bonam fidem praestare, wie diligentiam, culpam, dolum praestare. So heißt es vom negotiorum gestor, er müsse
„et bonam fidem et exactam diligentiam praestare", vom Verkäufer:
„non solum bonam fidem sed etiam diligentiam", vom Protutor:
„eandem fidem et diligentiam quam tutor"[4] u. s. w. Natürlich
wird das Maaß der zu prästirenden bona fides objectiv nach Billigkeit,
aequitas, bestimmt, und insofern bekommt der Begriff dann auch eine
objective Bedeutung. Von diesem Standpunkte aus sagt Trypho=
ninus:[5]

Bona fides, quae in contractibus exigitur, aequitatem summam
desiderat; sed eam utrum aestimamus ad merum ius gentium,
an vero cum praeceptis civilibus et praetoriis?

und danach wird dann die Frage, ob das Depositum eines Ver=
brechers nach der Confiscation seines Vermögens nach bona fides
an ihn oder den Staat zurückzugeben sei, so entschieden:

si tantum naturale et gentium ius intuemur, ei qui dedit
restituenda sunt, si civile ius et legum ordinem, magis in
publicum deferenda sunt.

---

[1] Gai. 4, 47. Statt „Nm Ao" konnte es auch heißen „alterum alteri": L. 5
de oblig. „quod alterum alteri ex bona fide praestare oportet."
[2] Cic. de. off. 3, 15. 17. top. 17, 66.
[3] Cic. de offic. 3, 17. Vgl. Bethmann=Hollweg, b. röm. Civilproc. I, 64. 165.
[4] Paul. sent. rec. 1, 4, 1. L. 68 pr. D. 18, 1. L. 4 D. 27, 5. Aehnlich
L. 18 de neg. gest. Gai. 3, 155.
[5] L. 31 D. depositi.

§. 5. Die bona fides bei den Verträgen.

Geht man nun näher darauf ein, den rechtlichen Inhalt des Begriffes bona fides als Redlichkeit und Ehrlichkeit genauer zu bestimmen, so ist grade hier hauptsächlich der Punkt, wo Wächter's und meine Ansicht wesentlich aus einander gehen und verschiedene Richtungen einschlagen. Wächter sagt, (S. 59, 60) es sei mir „darin beizustimmen, daß der Gedanke, welcher unsern Quellen bei der bona fides gleichmäßig zu Grunde liegt, der des redlichen Vertrauens, redlicher, ehrlicher Gesinnung ist", allein er meint, ich trage „in diese Grundbedeutung noch ein Moment hinein, das nicht in ihr liegt, das der Ueberlegung; eine redliche ehrliche Gesinnung kann auch bei dem vorhanden sein, welcher unüberlegt handelt".

Nun ist bereits oben S. 74 eingeräumt, daß es allerdings schon eine Art und Stufe von Redlichkeit ist, wenn man nur nicht mit Bewußtsein und Absicht unrecht handelt, also nicht absichtlich seine Pflichten vernachlässigt, fremde Sache kauft u. dgl. Allein ebenso ist bereits geltend gemacht, daß nicht nur die Moral sondern auch schon die rechtliche Ethik die Forderung einer höheren Art von Redlichkeit kennt, nämlich daß man Ueberlegung anwende um Unrecht zu vermeiden, daß man sich also nicht beim ersten Anscheine der Erlaubtheit beruhigt, und darauf los glaubt, was einem das vortheilhafteste ist, sondern nur einem nach redlicher Ueberlegung gewonnenen Glauben sich hingiebt. Ob aber die Römer unter ihrem Begriffe von bona fides die eine oder die andere Stufe der Redlichkeit verstanden haben, das läßt sich nicht so a priori aus den Begriffen des irrens und glaubens, und der Redlichkeit im allgemeinen feststellen, sondern nur aus der Art und Weise, wie die Römer die bona fides wirklich practisch behandelt haben. Dabei darf man sich aber nicht von vorne herein auf die Anwendung der bona fides bei der Usucapion beschränken, sondern muß den Begriff allgemein nehmen, und von seiner Anwendung auf die Verträge ausgehen. Denn der Begriff ist in der Grundlage derselbe, und beide stehen in enger Verbindung, da die Verträge die causa für die Usucapion bilden, und daher namentlich, wie unten zu zeigen ist, das bona fide emere und possidere ganz in einander übergehen.

Daß nun aber bei den Verträgen das „Moment der Ueberlegung" von dem Begriffe der bona fides nicht ausgeschlossen werden barf, bas läßt ſich wohl nicht leicht in Abrede ſtellen. Es folgt im allgemeinen ſchon baraus, baß ber Gegenſaß von bona fides ber dolus iſt, bieſer aber bie culpa lata mit unter ſich faßt, ſomit zur bona fides bie Abweſenheit ber lata culpa gehört.

Sehr ſcharf unb entſchieben wirb bemgemäß bie „Ueberlegung" in folgenber Stelle mit in ben Begriff ber bona fides hereingezogen: [1])

Quod servus deposuit, is, apud quem depositum est, servo rectissime reddet ex bona fide; nec enim convenit bonae fidei, abnegare id quod quis accepit, sed debebit reddere ei a quo accepit, sic tamen si sine dolo omni reddat, hoc est ut nec culpae quidem suspicio adsit. denique Sabinus hoc explicuit addendo: „nec ulla causa intervenit, quare putare possit, dominum reddi nolle". hoc ita est, si potuit suspicari, iusta scilicet ratione motus, ceterum sufficit, bonam fidem adesse.

Die Stelle iſt von Ulpian unb in mehrfacher Beziehung intereſſant. Sie zeigt zunächſt, in wie enger Verbinbung ſich bie Römer bas Princip ber culpa unb diligentia mit ber bona fides bachten, bie Abweſenheit einer bewußten unb abſichtlichen Unreblichfeit feinesweges für genügenb hielten, vielmehr eine poſitive rebliche Ueberlegung ber Umſtänbe bafür forberten (causa, quare putare possit), wie ſie aber auch anberſeits nichts unbilliges verlangen, ſonbern nur bie Berückſichtigung gerechter Grünbe (iusta ratione motus), furz eben nur bona fides (caeterum sufficit bonam fidem adesse). Das Princip, was hier für ben Begriff ber bona fides ausgeſprochen iſt, muß bei uns für ben Begriff ber Reblichfeit grabe ebenſo beſtimmt werben. Sobalb man nur erſt einmal von ber falſchen Ueberſeßung „guter Glaube" vollſtänbig abſtrahirt, fann man ſicher faum ein Bebenfen tragen, für bie wahre Reblichfeit bei Verträgen auch eine gewiſſe Ueberlegung zu forbern. Ober ſollten wir wirflich eine anbere Anſicht von Reblichfeit haben, als wie Celſus in Uebereinſtimmung mit Ulpian in ber viel beſprochenen Stelle über bie f. g. culpa in concreto (L. 32 depositi) ausſpricht:

Quod Nerva diceret, latiorem culpam dolum esse, mihi verissimum videtur; nam etsi quis non ad eum modum, quem hominum natura desiderat, diligens est, nisi tamen ad suum modum

---

[1]) L. 11 depositi.

curam in deposito praestat, fraude non caret; nec enim
salva fide minorem is quam suis rebus diligentiam
praestabit.

Auch hier ist die Pflicht zur Diligenz auf die fides zurückgeführt;
auch die absichtslose Nachlässigkeit, also wenn man ohne Ueberlegung
glaubt, ist gegen die bona fides.

Wenn in diesen Stellen principiell und allgemein eine gewisse
Ueberlegung und Diligenz zum Wesen der bona fides gerechnet wird,
so versteht sich, daß dieselbe in andern Stellen, wo sie nicht speziell
erwähnt ist, aus jenen in entsprechender Weise supplirt werden muß.
Bei der casuistischen Methode der römischen Juristen und der eigenthümlichen Art der Zusammensetzung der Pandekten dürfen die einzelnen Stellen nur in dieser allgemeinen Combination interpretirt
werden. So ist in L. 31 §. 1 depositi die Frage behandelt:

bonam fidem inter eos tantum, (inter) quos contractum est,
aestimare debemus, an respectu etiam aliarum personarum,
ad quas id quod geritur pertinet?

Als Beispiel wird das Depositum von einem Diebe benutzt, und
gesagt:

si per se dantem accipientemque intuemur, haec est bona fides,
ut commissam rem recipiat is, qui dedit, si totius rei aequitatem, — mihi reddenda sunt,

und dann hinzugefügt:

si ego ad petenda ea non veniam, nihilominus ei (latroni)
restituenda sunt.

Daß in diesem Falle sowohl für das „si ego non veniam", als
im Falle des Kommens für die Behauptung des Diebstahls, eine
billige Ueberlegung und Erwägung der Umstände vor der Rückgabe
der Sache stattfinden muß, bedarf wohl keiner Ausführung.

Aehnlich wird in L. 11 depositi der Fall behandelt, wenn der
Deponent ein Sklave ist, der die Sache seinem Herrn gestohlen hatte:

si ignoravit, apud quem deposuit, vel credidit, dominum non
invitum fore huius solutionis, liberari potest; bona enim fides
exigitur.

Daß hier das bloße thatsächliche „ignorare" und „credere" nicht
genügt, um die Pflichten der geforderten bona fides zu erfüllen, ist
klar, und kann gerade hier um so weniger bezweifelt werden, weil
der ganze Satz nur die Fortsetzung der oben besprochenen Stelle

(L. 11 depositi) ift, worin zur bona fides geforbert ift, baß „nec ulla causa intervenit, quare putare possit,“ unb baß man nidht „potuit suspicari iusta scilicet ratione motus.“

Die angeführten Stellen finb aus bem Titel vom Depositum entnommen. Dies barf nicht etwa ben Gebanken erweden, als ob ihr Inhalt eben nur auf bas Depofitum zu beziehen fei. Davon kann keine Rebe fein. Die Stellen gehen alle von bem allgemeinen Begriff unb Wefen ber bona fides aus, unb ziehen baraus nur bie Confequenzen für bie Anwenbung beim Depofitum. Daß aber bei biefem ber Begriff vorzugsweife fo fpeziell entwidelt wirb, hat feinen Grunb einfach barin, baß beim Depofitar nicht, wie bei ben meiften fonftigen Obligationen, eine Verpflichtung zur diligentia unb Haf= tung für culpa levis ftattfinbet, fonbern eben nur Haftung für dolus unb Verlezung ber bona fides. Wo man barüber noch hinaus zur exacta diligentia verpflichtet ift unb für jebe culpa haftet, hat bie genauere Beftimmung ber Pflichten ber bona fides als folcher wenig Werth, eben weil fie von jener überragt werben, unb in ihr auf= gehen.

Inbeffen wirb ber Begriff von ben Römern auch außerhalb bes Depofitums vielfach zur Anwenbung gebracht. Er bilbet im all= gemeinen ebenfo ben Gegenfaz zum dolus, wie bie culpa ben Gegen= faz zur diligentia. Die Begriffe ftehen parallel neben einanber: bona fides unb diligentia finb bie Pflichten unb dolus unb culpa bie Verlezung ber Pflicht. So heißt es beim Raufe ganz birect in l. 68 pr. de contr. emt.:

te non solum bonam fidem sed etiam diligentiam praestare debere, id est non solum ut a te dolus malus absit, sed etiam ut culpa.

Dabei muß man fich erinnern, baß wenn dolus unb culpa fo einanber entgegengefezt werben, ber erftere bie culpa lata ftets mit begreift, unb unter ber culpa nur bie culpa levis verftanben wirb[1].

In bemfelben Sinne fagt Paulus vom negotiorum gestor[2]:

Qui negotia aliena gerit et bonam fidem et exactam dili-gentiam — praestare debet.

---

[1] Haffe, bie culpa bes römifchen Rechts. §. 43.
[2] Rec. sent. 1, 4, 1. Aehnlich L. 18 de neg. gest.

Dieſelbe Bedeutung hat das bonam fidem praestare, was bei Manbat [1]), Societät [2]), Tutel [3]) erwähnt wird.

In allen dieſen Stellen ſteht bona fides und dolus nicht als „glauben" und „wiſſen" einander gegenüber, ſondern als Redlichkeit und Unredlichkeit. Allerdings iſt das „wiſſen" immer der Haupt= fall von dolus und mala fides, und darum iſt bei den einzelnen Anwendungen von sciens prudens u. dgl. die Rede, und ebenſo bei der bona fides von ignarus nesciens u. dgl., allein das Weſen der Begriffe liegt nicht darin, ſondern in dem allgemeinen Begriffe von Redlichkeit wie er oben beſtimmt iſt, wozu ſtets auch eine gewiſſe Ueberlegung gehört. Grobe Nachläſſigkeit und Unüberlegtheit gehören immer zum dolus. [4]) Dem entſprechend wird denn auch der Begriff der bona fides mit dem Erforderniſſe der Ueberlegung keineswegs blos auf das bon. fid. praestare und die Beſtimmung der contract= lichen Pflichten angewendet, ſondern ebenſo auch ſonſt in einer Menge von Fällen, wo Redlichkeit die Bedingung für den Erwerb von An= ſprüchen, Unredlichkeit den Grund für Verpflichtungen bildet. So heißt es, der Pfandgläubiger müſſe beim Verkaufe des Pfandes „bona fide rem gerere", ſonſt hafte er nicht nur ſelber, ſondern ſei auch der Käufer, falls er mit ihm collubire, als malae fidei emtor und possessor zu behandeln; [5]) ähnlich muß der Vormund, wenn er Sachen des Pupillen ſelber kaufen will, rem bona fide gerere; [6]) ferner: der Manbatar dürfe die bei Ausführung des Manbats bona fide auf= gewendeten Unkoſten erſetzt verlangen, [7]) der Procurator die bona fide aufgewendeten Proceßkoſten, [8]) wo natürlich in beiden Fällen für Art und Maaß der Koſten redliche Ueberlegung nöthig iſt; der Vormund müſſe die Zinſen erſetzen, die er „bona fide percepisset, aut percipere

---

[1]) L. 10 pr. mandati. Gai. 3, 155.

[2]) L. 35 pro socio.

[3]) L. 4 de eo qui pro tut. L. 5 §. 7 de admin. tut.

[4]) L. 226 de V. S.: „magna culpa dolus est." L. 29 pr. mandati: „dis-soluta negligentia prope dolum est." Haſſe, die culpa des röm. Rechts. §§. 22. 43.

[5]) L. 4. 9. 10. C. de distr. pign. (8, 28). L. 2. C. debitorem (8, 29). L. 1. 4. 5. C. si vendito (8, 30).

[6]) L. 5 §. 2—6 de auctor. tut. (26, 8). L. 5 C. de contr. emt. (4, 38).

[7]) L. 27 §. 4 L. 56 §. 4 mandati L. 11 C. eod.

[8]) L. 46 §. 6 de procur.

potuisset;"[1] ber Procurator müſſe bei Proceſſen und anberen Ge=
ſchäften ex bona fide Rechnung ablegen;[2] ber Bürge hafte nicht:
„si exceptionem procuratoriam omisit, sive sciens sive ignarus; de
bona fide enim agitur, cui non congruit de apicibus iuris disputare."[3]
Beſonbers bezeichnenb iſt enblich eine Aeußerung bei ber Reſtitution
wegen Irrthums. Das Ebict lautete: „si id actor ignoraverit, dabo
in integrum restitutionem." Dazu macht Paulus folgenbe Be=
merkung:

> Si id, inquit, ignoraverit. Labeo: et si dictum sit ei, et bona
> fide non crediderit.

Alſo: auch wenn es ihm geſagt iſt, er es aber nicht geglaubt hat,
falls er es bona fide nicht geglaubt hat. Man kann alſo bona unb
mala fide glauben unb nicht glauben, b. h. natürlich entweber aus
gutem Grunbe nach reblicher Ueberlegung ober leichtfertig unb frivol
in ſelbſtſüchtiger Verblenbung. Hier kann wohl kaum ein Zweifel
ſein, baß bona fides nicht einfach ben factiſchen Glauben bebeutet,
ſonbern bie überlegte Reblichkeit, ba ja ſonſt bas „bona fide credere"
ein ſinnloſer unerträglicher Pleonasmus wäre.

Eine Anwenbung bieſer Unterſcheibung iſt auch bei L. 17 C. de
rei vindicatione zu machen:

> Si fundum vestrum, vobis per denuntiationem admonentibus
> volentem ad emtionem accedere, quod distrahentis non fuerit,
> non recte is, contra quem preces funditis, comparavit, vel alio
> modo mala fide contraxit, — fructus, quos mala fide perce-
> pisse probatum fuerit, Praeses restitui iubebit.

Daß bie „admonitio" eines beliebigen Dritten ben Käufer nicht
unbebingt in mala fides verſetzen muß, verſteht ſich von ſelbſt. Daß
ſie aber unter Umſtänben bieſe Wirkung haben kann, iſt mit Recht
in ber Stelle angenommen. Die Entſcheibung zwiſchen beiben kann
aber natürlich nicht bavon abhängen, ob ber Käufer ber admonitio
glauben will ober nicht, ſonbern bas „recte comparavit" muß auch
hier banach beurtheilt werben, ob er „bona fide non credidit". Die
Stelle ſpricht zunächſt nur von ber mala fides in Betreff ber Früchte,

---

[1] L. 58 §. 1 de admin. tut.
[2] L. 46 §. 4 de procur. L. 56 §. 2 mandati.
[3] L. 29 §. 4 mandati.

die Anwendung des Princips aber auf die Usucapion versteht sich von selbst.[1]

Ebenso heißt es in L. 2 C. debitorem (8, 29),[2] daß wenn bei Pfandverkauf der Schuldner durch denuntiatio an den Käufer gegen den Kauf protestire, dieser nur je nach Umständen „malao fidei possessor" werde.

§. 6. Vertrag und Usucapion.

Mit den zuletzt besprochenen Stellen ist der Uebergang von der Anwendung des Begriffes der bona fides bei den Verträgen zu der bei der Usucapion von selber eingeleitet. Beide liegen einander nicht so fern, als Wächter behauptet. Allerdings ist ein Unterschied zwischen dem bonam fidem praestare, und dem bona fide possidere.

Bei dem ersteren handelt es sich um die Pflichten, die der eine Contrahent dem andern schuldig ist, und daß er diese mit Redlichkeit und Gewissenhaftigkeit erfülle; bei der Usucapion und dem bona fide possidere handelt es sich dagegen um das Recht, was Jemand zu haben glaubt, und was durch die Verjährung zum wirklichen Rechte werden soll. Daraus könnte man folgern, nur wo überhaupt eine Pflicht sei, könne auch eine Pflicht der Ueberlegung sein, wo es sich aber um den Glauben an ein Recht handele, könne es auch nur auf das wirkliche factische glauben ankommen, also nur auf die Unkenntniß, den Irrthum, in Betreff der Hindernisse des Erwerbes des Rechts. Allein bei näherer Erwägung zeigt sich bald, daß Vertrag und Usucapion, Pflicht und Recht, doch nicht in so scharfem Gegensatze stehen. Die Verträge, namentlich der Kauf, bilden vorzugsweise die Titel, auf Grund deren man den Besitz bekommt, und ohne die man den Glauben, daß man ein Recht erworben habe, überhaupt gar nicht fassen kann. Sie sind die eigentliche Grundlage der Usucapion. Diese hat überhaupt nur den Zweck, die Mängel, die die Titel im einzelnen für den Erwerb haben, durch den Zeitablauf zu ergänzen. Dabei bilden aber die Verträge bei weitem die wichtigsten Titel. Die übrigen, pro legato, derelicto u. s. w., sind im Vergleiche zu ihnen von geringer, ja fast verschwindender, Bedeutung. Jedenfalls ist in

---

[1] Vgl. Schirmer, Zeitschr. f. Civilr. N. F. 15, 227.
[2] Vgl. L. 1. 4. 5 C. si vendito (8, 30).

Rom die Usucapion ganz überwiegend auf der Grundlage der Verträge, und zwar vorzugsweise des Kaufes, ausgebildet; der Titel pro emtore ist der, an dem die Römer die allgemeinen Erfordernisse der Usucapion, und so namentlich das der bona fides, fast ausschließlich entwickelt haben. Der Ausdruck bonae fidei emtor kommt in den Quellen ebenso oft, wenn nicht noch öfter, vor als bonae fidei possessor. Auch in der angeblichen, oben S. 77 besprochenen, Legaldefinition der bona fides ist nicht vom b. f. possessor, sondern vom b. f. emtor die Rede.

Bei den Verträgen stehen nun aber Recht und Pflicht in so enger Verbindung, daß wenn die Römer auf beides gleichmäßig den Ausdruck bona fides anwenden, es von vorne herein unwahrscheinlich ist, daß sie dabei einen ganz verschiedenen Begriff im Sinne gehabt, und einen ganz verschiedenen Maßstab, den einer höheren und niederen Redlichkeit, angelegt haben sollten. Im allgemeinen ist dies wohl außer Zweifel, so z. B. bei dem Rechte des Depositars, das Depositum bona fide einem andern, als dem Deponenten, zurückzugeben, bei dem Rechte des Mandatars und Procurators, die bona fide aufgewendeten Auslagen und Proceßkosten ersetzt zu verlangen, u. a. Allein auch bei dem Rechte des Käufers zur Usucapion ist es nicht anders. Man kann hier nicht etwa sagen, es handle sich dabei ja nicht um das Verhältniß und die Pflichten des Käufers gegen den Verkäufer, sondern nur um sein Verhältniß zu dem dritten, ihm unbekannten, wirklichen Eigenthümer; gegen diesen habe er keine Pflichten, dem Verkäufer aber könne es nur lieb sein, wenn dem Käufer die Usucapion leicht gemacht und seine Redlichkeit nicht schwer genommen werde, da er ja dann nur um so leichter von seiner Haftung für die Eviction frei würde. Wenn der Kauf überhaupt einmal unter dem objectiven Verkehrsprincipe der bona fides steht, so fordert die Redlichkeit nicht nur, daß man den Verkäufer nicht schädige, sondern daß man auch Rechte Dritter nicht verletze. Das Gesetz muß dann hier wie überall eine billige Rücksichtnahme auf fremde Rechte fordern, und hat keinenfalls Veranlassung, den, der unüberlegt und leichtfertig fremde Sachen kauft, dadurch vor Schaden zu schützen, daß es ihm mit dem Schaden des unschuldigen Dritten dessen Sache usucapiren läßt. In dem Falle, wenn der Dritte den Verkauf seiner Sache erfährt und dagegen protestirt, ist dies nach den oben S. 86, 87 besprochenen Stellen außer Zweifel. Allein die Zufälligkeit, ob der Dritte etwas erfährt, kann ben Käufer von der Pflicht, redliche Rücksicht auf die Rechte Dritter zu nehmen, nicht befreien. Daß man nicht zu viel, keine „scrupulosa inquisitio", [1] verlangen darf, liegt schon von selbst im Begriffe der bona fides. Dazu kommt nun aber noch, daß die Usucapion oder wenigstens die bona fides unter Umständen ja auch im Verhältnisse des Käufers zum Verkäufer selber in Frage kommen kann, und dann also mit seinen Pflichten gegen den Verkäufer in unmittelbarer Verbindung steht, so z. B. wenn man von einem Stellvertreter kauft, und besten Veräußerungsrecht [2] oder die Preisbestimmung [3] in Frage steht; ähnlich wenn man von einem Pfandgläubiger kauft, oder von einem Wahnsinnigen [4], oder einem Verschwender, [5] oder nach älterem Rechte von einer Frau eine res mancipi ohne tutoris auctoritas: [6]

(Qui a muliere) rem mancipi emit, — falso tutore auctore, quem sciit non esse, non videtur bona fide emisse.

Hier handelt es sich um die Usucapion gegen die Frau selber. Die Pflicht der bona fides des Käufers gegen den Verkäufer und das Recht bona fide zu besitzen sind daher hier enge verbunden und werden zusammen durch das bona fide emere bezeichnet. Für den Vertrag mit dem falschen Tutor, „quem sciit non esse" muß aber dasselbe Princip gelten, wie beim Processe mit dem falschen Tutor, wo nach der oben S. 86 besprochenen L. 4 der Kläger nur dann nicht als sciens behandelt wird, wenn er „bona fide non credidit".

§. 7. Die bona fides bei der Usucapion.

Das Resultat, daß der Begriff der bona fides bei der Verjährung an sich kein anderer ist, als bei den Verträgen, und nicht den Glauben, sondern die Redlichkeit, und zwar im obigen Sinne, bedeutet, wird durch eine Menge einzelner Anwendungen bestätigt, in denen von irren und glauben gar keine Rede ist, sondern nur das in Frage steht, ob Jemand bei einem Erwerbe in redlicher und gewissenhafter

[1] L. 6 de iuris et facti ignor.
[2] L. 109 de R. I.
[3] L. 7 §. 6 pro emtore.
[4] L. 13 §. 1 de usucap.
[5] L. 7 §. 5 pro emtore.
[6] Vatic. fragm. §. 1.

Weife gehandelt habe. So schon in der bereits angeführten L. 7
§. 6 pro emtore:

> Quodsi emtor cum procuratore (venditoris) collusit, et eum
> praemio corrupit, quo vilius mercaretur, non intelligetur bonae
> fidei emtor, nec longo tempore capiet.

Wenn hier vom Käufer, der mit dem Procurator des Verkäufers
collubirt, gesagt wird, er könne nicht als bonae fidei emtor ange=
sehen werden, so kann das begreiflicher Weise nicht heißen, er könne
nicht als irrender und glaubender Käufer angesehen werden, sondern
nur, daß er nicht als reblicher Käufer gelten könne. Nach dem
Glaubensprincipe mußte der Käufer, wenn er an das Eigenthum
des Verkäufers und die unbeschränkte Verkaufsvollmacht des Procu=
rators glaubte, usucapiren können! Ein ganz ähnlicher Fall ist beim
Pfandverkaufe:

> — si probatum fuerit, tuum creditorem, cui ius distrahendi
> pignora fuit, dolo malo vendidisse, — et probatum fuerit,
> emtorem mala fide emisse, — restituere tibi fundum cum
> fructibus malae fidei emtorem iubebit (praeses provinciae). [1]

Der dolus des Pfandgläubigers kann hier, da er das ius distra-
hendi hatte, auch nur den Kaufpreis betroffen haben. Soll hier der
„mala fidei emtor", der über das Eigenthum und Verkaufsrecht
nicht irrte, usucapiren können?

Ein anderer Fall ist L. 8 pro emtore:

> Si quis, cum sciret venditorem pecuniam statim consumtu-
> rum, servos ab eo emisset, plerique responderunt, eum ni-
> hilominus bona fide emtorem esse.

Wenn ein Streit darüber war (plerique responderunt), ob der,
welcher wissentlich von einem verschwenderischen Menschen kaufe, als
bona fide emtor gelten könne, so konnte sich dies nicht darauf be=
ziehen, ob der Käufer im Irrthume und Glauben sei, sondern nur
ob dies als ein rebliches Benehmen und er als ein reblicher Käufer
gelten könne. Ferner Vat. fragm. §. 1.

> (Qui a muliere) sine tutoris auctoritate sciens rem man-
> cipi emit, vel falso tutore auctore, quem sciit non esse, non
> videtur bona fide emisse, itaque et veteres putant et Sabinus
> et Cassius scribunt.

---

[1] L. 1 C. si vendito (8, 30). Vgl. L. 3 und 4 eod.: — „per collusionem
emtor comparavit" —.

Dieses kann nicht heißen: „wer wissentlich ohne Tutor u. s. w. kauft, der ist nicht in dem Glauben, daß ein Tutor auctorire," sondern nur: „der handelt nicht redlich." Für den Satz: „wer weiß, irrt nicht," hätte man auch wohl nicht die Auctorität der veteres und des Sabinus und Cassius nöthig gehabt. Auch deutet namentlich die Berufung auf die „veteres" auf die alte ursprüngliche Bedeutung des Wortes fides hin.

Auch die schon oben berührten Bestimmungen über den Vormund, der Sachen von seinem Pupillen kauft, gehören hierher. Dieser kann nach L. 5 §. 2—5 de auctor. tut. und L. 5 C. 4, 38 usucapiren, wenn er bona fide kauft. Darunter wird hier aber nicht die Unkenntniß des fremden Eigenthums gemeint (die natürlich auch nöthig ist), sondern die Beziehung zum Pupillen selber, daß er den Kauf redlich und den gesetzlichen Vorschriften gemäß vornehme, also nicht auf seine eigene auctoritas oder „per interpositam personam", sondern offen unter Zuziehung eines contutor, oder von einem Gläubiger des Pupillen u. dgl. Von irren und glauben ist dabei gar keine Rede.

Auf demselben Standpunkte beruhen ferner alle die Fälle, wo man „sciens alienam rem" usucapiren kann. Im älteren Rechte war dieses stets, wenn man eine res mancipi nur mit Tradition, nicht mit Mancipation, kaufte oder sonst erwarb, also zwar kein Eigenthum aber die exceptio rei venditae et traditae und die Publiciana bekam. Von irren und glauben war dabei keine Rede, doch wurde bona fides angenommen, weil der Kauf, falls er sonst nicht etwa einen Mangel hatte, doch der Sache nach ein redlicher war. Im neuern Rechte sind die Fälle seltener, doch fehlen sie auch hier nicht. Der wichtigste ist der jenem älteren nahe verwandte, wenn man zwar wissentlich eine fremde Sache kauft oder sonst erwirbt, aber unter solchen Umständen, daß man die exceptio rei venditae et traditae gegen den Eigenthümer und die actio Publiciana erwirbt. Ein solcher Kauf ist trotz des fehlenden irrens und glaubens ein redlicher und in diesem Sinne ist man, obgleich man sciens alienam rem possidet, doch ein bonae fidei possessor. Man kann auch nicht sagen, der Käufer sei im guten Glauben, weil er an sein Recht glaube. [1] Denn er kann hier gar nichts weiter glauben, als was

---

[1] Wie Wächter (S. 71) die Sache nehmen will.

er weiß, nämlich, daß er zwar kein Eigenthum aber die exceptio
rei venditae et traditae hat. Daß hier aber Usucapion stattfinde, ist
zwar nicht direct in den Quellen gesagt, wohl aber indirect hinreichend
deutlich in L. 28 de noxalibus anerkannt: Wer mit einer Noxal-
klage die noxae datio eines Sklaven von einem Nichteigenthümer
rechtmäßig erlangt hat, hat die Publiciana und eine exceptio doli
gegen den Eigenthümer, und daraus wird die Folgerung gezogen:
  et secundum haec usu quoque me capturum, quamvis sciens
  alienum possideam.

Diese Folgerung der Usucapion aus der exceptio und der Publiciana muß ebenso wie bei den noxae datio auch bei anderen Er-
werbsarten, die jene begründen, angewendet werden.

Ein anderes Beispiel von Redlichkeit oder bona fides ohne Irrthum und Glauben giebt L. 5 pr. pro derelicto:
  — si tibi rem ab uxore donatam sciens emero, quia quasi
  volente et concedente domino id faceres (i. e. eam venderes)
  idem iuris est (i. e. „me usucapturum constat").

Der Käufer weiß, daß die Sache seinem Verkäufer wegen der
Ungültigkeit der Schenkung nicht gehört, doch ist der Kauf ein redlicher, weil in der Schenkung trotz ihrer Nichtigkeit factisch von selber
der Wille des Schenkers liegt, daß der Beschenkte über die Sache
soll verfügen können.

§. 8. Der Irrthum und seine Entschuldbarkeit.

Wenn nach diesen Ausführungen der Begriff der bona fides bei
der Verjährung ebenso wie bei den Verträgen nicht auf den factischen Glauben, sondern auf das Princip der Redlichkeit gegründet
werden muß, so ergiebt sich daraus von selbst, daß auch das Element
der Ueberlegung bei der Verjährung für den Begriff festzuhalten ist,
und daraus folgt denn für die Fälle von Irrthum und Glauben
von selbst das Erforderniß der Entschuldbarkeit des Irrthums. Der
einzige Einwand eigentlich, der sich mit einem gewissen Anschein dagegen geltend machen ließe, ist der, daß die bona fides bei der Verjährung so oft nur auf das credere, putare, existimare gegründet
wird, ohne daß die Entschuldbarkeit des Irrthums und die Rechtfertigung des Glaubens irgend hervorgehoben wird, so z. B. in L. 27 de
contr. emt.:

Qui a quolibet rem emit, quam putat ipsius esse, bona fide emit;

ober in ber oben S. 77 besprochenen L. 109 de R. J.:

Bonae fidei emtor esse videtur, qui ignoravit, — aut putavit, —

Allein babei muß man benn boch zunächst bebenken, baß bie Pan=
bekten kein Gesetzbuch im mobernen Sinne sinb mit principmäßiger
Zusammenstellung aller Erforbernisse unb Beschränkungen eines jeben
Rechtsinstitutes, sonbern eine bunte Sammlung von Entscheidungen
einzelner Fälle unb Fragen, unb baß man bei ber casuistischen Methobe
ber römischen Juristen nicht bei jeber Entscheidung einzelner Fälle
ober Fragen immer ben ganzen bogmatischen Ballast von Erforber=
nissen, Ausnahmen unb Beschränkungen eines Rechtssatzes mit auf=
geführt erwarten barf. Sie haben fast immer nur ben einzelnen
Punkt im Auge, ber grabe in Frage steht ober auf ben es haupt=
sächlich ankommt, unb überlassen alles anbere einem anbern Falle
ober einer allgemeineren Deduction. Wollte man bie einzelnen
Stellen ber Panbekten nicht so gegenseitig aus einanber ergänzen,
unb bie vollen Grunbsätze nicht aus ihrer fortwährenden Verbinbung
unter einanber entnehmen, so könnte man bie abentheuerlichsten Dinge
aus ihnen herausbringen. So könnte man z. B. gleich aus ber
ersten obigen Stelle: [1] „Qui a quolibet emit etc.“ folgern, baß wer
von einem Wahnsinnigen kaufe, sobalb er ihn nur für ben Eigen=
thümer halte, bona fide sei. So gut man hier bei bem „a quolibet“
allerlei Restrictionen machen muß unb barf, barf man es auch bei
bem „putat“. Ebenso in ber L. 109 unb anberwärts.

Dazu kommen bann folgenbe weitere Umstänbe. Es versteht sich
von selbst, baß bie Reblichkeit bes Käufers beim Kaufe, sofern es
sich um sein Verhältniß zu bem unbekannten Eigenthümer unb über=
haupt zu ben Hindernissen seines Erwerbes ber Sache hanbelt, vor=
zugsweise in ber Unkenntniß ober bem Richtwissen biefer Hinbernisse
bestehen muß, also in einem Irrthum, unb insofern benn in bem
Glauben, baß man bie Sache ohne Unrecht gegen Jemand erwerben
könne. Es hat insofern seinen guten Grunb wenn Stintzing (S. 60)
ben ganzen Begriff ber bona fides bei ber Ersitzung nur negativ
als „bas Richtwissen von ben Fehlern bes Erwerbsactes“ bestimmen

---

[1] Auf biese legt Wächter (S. 60.) ein besonberes Gewicht.

wollte. Insofern ist es ganz natürlich, daß die meisten Stellen, die von der bona fides bei der Verjährung sprechen, dabei der Sache nach gar nichts anderes im Auge haben, als eben dieses nicht wissen und glauben. Daß sie dabei die besondere Restriction der Entschuld=barkeit des Irrthums und die immerhin seltenere Ausnahme seiner Unentschuldbarkeit nicht besonders hervorheben, kann um so weniger auffallen, weil sie ja unter der fides gar nicht einen speciellen facti=schen Glauben verstanden, sondern die allgemeine Redlichkeit nach dem allbekannten Begriffe der bona fides, in welchem das Erforderniß der Ueberlegung und Entschuldbarkeit von selber enthalten war. Wenn man bei uns bona fides nicht durch guter Glaube, sondern mit Savigny durch redliches Bewußtsein übersetzt, so würde auch Niemand die besondere Beifügung des Erfordernisses der Entschuld=barkeit für nöthig halten.

Dazu kommt, daß die allgemeinen festen Grundsätze über den Irrthum das Erforderniß der Entschuldbarkeit von selber in sich schlossen, und deren Geltung auch für die Usucapion außer Zweifel war. Paulus in seinem Liber singularis de iuris et facti igno-rantia stellt an die Spitze seiner ganzen Ausführung den allgemeinen Satz:

Regula est, iuris ignorantiam cuique nocere, facti vero igno-rantiam non nocere.

fügt dann aber ebenso allgemein die Beschränkung hinzu:

Sed facti ignorantia ita demum cuique non nocet, si non ei summa negligentia obiiciatur.

die er noch näher durch eine Berufung auf Labeo bestimmt:

Et recte Labeo definit, scientiam neque curiosissimi neque negligentissimi hominis accipiendam, verum eius, qui eam rem diligenter inquirendo notam habere possit.

Nun kann freilich die Allgemeinheit, in der ein Rechtssatz von den römischen Juristen ausgesprochen wird, nicht grade immer als ein Beweis für seine wirkliche Allgemeingültigkeit angesehen werden, man denke z. B. an das „errantis nulla voluntas"; allein es ist denn doch ein wesentlicher Unterschied, ob ein solcher allgemeiner Satz nur gelegentlich einmal, wie jener, bei einem besondern Falle beigefügt wird, wo seine Tragweite nicht allgemein erwogen wird, oder ob er so wie hier in einer eigenen Monographie über den betreffenden Gegenstand als Grundprincip an die Spitze gestellt wird. Daß die

Möglichkeit von Ausnahmen daneben immer noch bestehen bleibt, versteht sich von selbst. Daß indessen grade bei den Grundsätzen über den Irrthum die Usucapion keine Ausnahme bildet, das wird dadurch noch besonders außer Zweifel gesetzt, daß in den Pandekten in demselben Titel de iur. et facti ign. in L. 4 die allgemeine Regel speziell für die Usucapion wiederholt wird:

Juris ignorantiam in usucapione negatur prodesse, facti vero ignorantiam prodesse constat;

und damit man nicht etwa sage, die Beschränkung in Betreff der Entschuldbarkeit stehe doch nicht dabei, so ist diese dicht vorher in L. 3 und dicht nachher in L. 6 allgemein wiederholt:

— ignorantiam accipiendam non deperditi et nimium securi hominis, —

— nec supina ignorantia ferenda est factum ignorantis.

Schon hierdurch wird die Annahme von Wächter (S. 21. 22) unmöglich gemacht, die allgemeinen Grundsätze über den Irrthum und seine Entschuldbarkeit seien auf die Usucapion nicht anzuwenden, weil der Irrthum bei dieser zu den Fällen des unächten Irrthums gehöre. Dieses wäre mit dem allgemeinen Ausspruche der L. 9 cit. wenigstens dem Wortlaute nach allenfalls vereinbar, mit der L. 3—6 aber keinenfalls. Der Sache nach aber ist es zwar richtig, daß das Erforderniß der Entschuldbarkeit in den Fällen, die Savigny als un= ächten Irrthum bezeichnet, nicht anzuwenden ist. Indessen gehört die Usucapion nicht dazu, Wächter hat sie nur darum mit darunter stellen können, weil er den ganzen Unterschied, wie bereits oben S. 73 gezeigt ist, in einer anderen, aber nicht zu rechtfertigenden, Weise kategorisirt. Es ist namentlich gezeigt, daß die Unterscheidung, ob der Irrthum Bestimmungs= oder Erkenntnißgrund sei, kein Kri= terium abgiebt, da sich in den wichtigsten Fällen, z. B. namentlich beim Irrthum über das Eigenthum des Auctors, beides vereinigt. Ueberdies aber wird auch durch Wächters Kategorisirung selber die Stellung der Usucapion zum unächten Irrthum gar nicht begründet. Denn der Irrthum kann als solcher weiter nichts erkennen lassen, als daß der Irrende nicht die Absicht hat, Unrecht zu thun. Dies kann aber an sich keine andere Wirkung haben, als daß die gewöhn= lichen Folgen der widerrechtlichen Absicht nicht eintreten. Die posi= tive Usucapion folgt daraus nicht. Denn diese besteht darin, daß wegen des Irrthums der Kauf oder sonstige Titel, der an sich das

Eigenthum hier nicht verschaffen kann, dieses doch wenigstens nach gewisser Zeit in dem Falle bewirken soll, wenn der Käufer im Irr=thum war. Somit gehört die Usucapion gerade zu denjenigen Fällen, wo (wie Wächter selbst mit Savigny übereinstimmend sagt) die regel=mäßigen Folgen einer Handlung für den Irrenden wegen des Irrens verändert werden, wo aber eben deshalb der Irrthum ein entschuld=barer sein muß. Danach kann kaum ein Zweifel sein, daß der Irr=thum bei der Usucapion vielmehr zu den Fällen des s. g. ächten Irrthums gerechnet werden muß, und daß daher die obigen Stellen, nach denen das Princip der Entschuldbarkeit des Irrthums auch für die Usucapion gilt, auch innerlich vollständig begründet sind.

§ 9. — „aut scit aut scire debet" — L. 7 §. 2 pro emtore.

Der Mangel von einzelnen Stellen, in denen die bisher ent=wickelten Grundsätze von bona fides und Irrthum in einzelnen Ent=scheidungen auf Usucapionsfälle angewendet wären, kann hiernach in der Sache selber kein Bedenken mehr erregen. Es ist viel mehr da=vor zu warnen, daß man nicht fälschlich Unterstützung in Stellen sucht, die sie nicht enthalten. Dahin gehören namentlich die Stellen, die von der iusta causa erroris beim Putativtitel sprechen.[1]) Titel und Fides sind ganz zu trennen.[2]) Der Irrthum beim Putativtitel muß positiv eine besondere iusta causa ignorantiae haben, der Irr=thum der bei der bona fides darf nur negativ keine crassa negli=gentia nimium securi hominis sein. Zum Putativtitel ist aber auch L. 44 §. 4 de usuc. zu rechnen, die Windscheid[3]) noch mit auf die bona fides bezieht: Wer als Haussohn kauft aber nicht tradirt er=hält, kann als pater familias (pro emtore) usucapiren, „si ex patris hereditate ad se pervenisse rem emtam non levi praesumtione cre=dat". Schon die Schlußworte deuten auf die besondere iusta causa erroris, die hier die fehlende Tradition, also den eigentlichen Titel, ersetzen soll. Dagegen ist das scit aut scire debet in L. 7 §. 2 pro emtore auf die bona fides zu beziehen: Ein Sklave giebt einem Freien den Auftrag, ihm eine Sache zu kaufen, und bekommt

---

[1]) L. 11 pro emtore. L. 5 §. 1 pro suo.
[2]) S. darüber unten §. 11.
[3]) Pandekten §. 178 N. 1.

sie von ihm nach der Freilassung trabirt, obgleich ihm das peculium bei der Freilassung nicht überlassen ist; die Usucapion wird hier verworfen, quia aut scit servus, peculium sibi concessum non esse, aut scire debet et per hoc similis est ei, qui se creditorem esse dissimulat". Die Stelle bezieht sich den Schlußworten zufolge auf den s. g. Titel pro soluto und ist aus L. 3 pro suo zu erklären, wo es gleichfalls von einer fälschlichen Solution heißt:

si scissem, mihi nihil deberi, usu non capiam, quod si nescio, verius est, ut usucapiam, quia ipsa traditio ex causa, quam veram esse existimo, sufficit ad efficiendum, ut id, quod mihi traditum est, pro meo possideam;

b. h. die Tradition ex causa debiti bildet einen wirklichen Titel, wenn auch die Schuld nur irrthümlich angenommen wird. Es ist das kein Putativtitel[1] sondern ein wirklicher, weil der Irrthum über die causa traditionis den Uebergang des Eigenthums nicht verhindert. Nur wenn der Empfänger weiß, daß die Schuld in Wahrheit nicht existirt, begründet die Tradition weder Eigenthum noch Usucapionstitel, weil dann in der Annahme ein furtum enthalten ist.[2] Eigentlich würde danach, da furtum nicht ohne animus furandi ist, nur wirkliches Wissen den Titel ausschließen, und jeder factische Glaube zum Titel an sich genügen. Dennoch wird dem „scit" das „scire debet" ohne weiteres gleich gestellt. Der Grund ist nicht angegeben, er kann aber kein anderer sein, als weil der unentschuldbare Irrthum zwar das Dasein des Titels nicht ausschließt, wohl aber die Annahme der bona fides, ohne die der Titel nichts helfen kann.

§. 10. Moderne Ansichten.

Vergleicht man die Bestimmung der bona fides als Redlichkeit und Gewissenhaftigkeit mit den Definitionen, die vom Standpunkte des guten Glaubens für die bona fides aufgestellt sind, so ergiebt

---

[1] In L. 48 de usuc. wird der Putativtitel von Paulus verworfen, der Titel pro soluto aber auch bei der indebiti solutio anerkannt: Si existimans debere tibi tradam, ita demum usucapio sequitur, si et tu putes debitum esse, aliud si putem me ex causa venditi teneri et ideo tradam; hic enim nisi emptio praecedat, pro emtore usucapio locum non habet.

[2] L. 43 pr. de furtis: — „qui se simulat creditorem, si quid acceperit, furtum facit, nec nummi eius fient." Vgl. Vangerow, Pandekten 3, 398 ff.

sich folgender Unterschied. Der Begriff der Redlichkeit im obigen
Sinne ist in sich selber ein Princip und giebt darum gleichmäßig
für alle die so verschiedenartigen Fälle der Anwendung den Ausgangs-
punkt für die Entscheidung, er bedarf für sich selber keiner weiteren
Bestimmung, sondern man hat nur, um seinen vollen Inhalt dar-
zulegen, die verschiedenen Richtungen der Anwendung zusammenzu-
stellen und seine Consequenzen dafür zu ziehen.

Beim Begriffe des guten Glaubens ist dies anders. Das glauben
an sich ist überhaupt kein Princip, sondern ein Factum, kein ethischer, sondern ein psychologischer Begriff, er bekommt seinen ethischen
oder rechtlichen Charakter erst durch den Gegenstand, den man glaubt.
Für diesen aber ist die bloße Bestimmung „gut“ eine so allgemeine
und abstracte, daß zur practischen Brauchbarkeit noch eine genauere
Bezeichnung dessen, was man glauben soll, nothwendig ist. Die
ältere Definition bei uns war, guter Glaube sei der Glaube, Eigenthümer zu sein. Daß dies falsch ist, steht gegenwärtig fest. Was
an die Stelle zu setzen sei, ist aber sehr streitig: Stintzing (S. 60, 61)
meint: der Glaube an das Recht des Auctors und die Rechtmäßigkeit des Erwerbsactes, Brinz:[1] der Glaube an das Eigenthum und
die Dispositionsmacht des Auctor, Schirmer (S. 214) und Windscheid:[2] der Glaube, durch die Aneignung der Sache kein mate-
rielles Unrecht zu thun, Burckhard (S. 295): der Glaube volente
et concedente domino zu erwerben, u. s. w. Alle diese Speciali-
sirungen haben in den Worten bona fides als solchen keinen unmittelbaren Anhalt, sondern gründen sich auf einzelne Anwendungsfälle, umfassen aber einerseits nicht alle oben genannten Fälle und
gehen anderseits zu weit, bedürfen daher einzelner Ausdehnungen und
Beschränkungen. Sie führen damit von selbst auf ein allgemeineres
Grundprincip zurück, wovon sie nur die Folge bilden, und dies ist
eben die bona fides im römischen Sinn. Mit Recht sagt daher
Scheurl,[3] das Princip sei die Redlichkeit des Erwerbens, diese
solle die unvollständige Rechtmäßigkeit des Erwerbes ersetzen. Er setzt
aber den Begriff der bona fides in seiner Anwendung auf die Usucapion nicht mit dem allgemeinen Begriffe von bona fides in Ver-

---

[1] Pandekten 1, 211.
[2] Pandekten, §. 176. Aehnlich Wächter, S. 11—14.
[3] Beiträge zur Bearbeitung des römischen Rechts, 2, 54.

binbung und kommt baburch (S. 56, 62) zu der falschen Abstraction, die Reblichkeit als Willenseigenschaft sei von bem Grunde bes Irr=thums unabhängig. Dies führt ihn bann wieder zu der blos nega=tiven Bestimmung zurück, bona fides sei die Abwesenheit bes Bewußt=seins von materieller Mangelhaftigkeit bes Erwerbes. Indessen brängt ihn seine Grunbibee baneben boch wieber zu der Annahme von ver=schiebenen Stufen der Unreblichkeit bes Bewußtseins (S. 62) unb bann auch wieder zu bem Erfordernisse der Entschulbbarkeit bes Irr=thums (S. 67—74).

Allen biesen unb anberen Wibersprüchen entgeht man nur, wenn man ben Begriff ber bona fides von bem bes Glaubens als solchen vollständig ablöst unb vielmehr in seiner wahren oben bestimmten allgemeinen Bebeutung von Reblichkeit erfaßt.

§. 11. Fibes und Titel.

Danach ist auch bas Verhältniß der fides zum Titel zu bestim=men. Savigny [1]) meint, der Titel solle die fides rechtfertigen, er sagt: „zur Usucapion taugt der Irrthum nur, wenn er gerechtfertigt ist, unb biese Rechtfertigung eben wird burch die Forderung bes Titels ausgebrückt". Allein bies ist selbst vom Standpunkte bes Irrthums unb bes Glaubens aus unrichtig. Es ist ein unlogischer Gebanke, baß der Titel ben Irrthum über die Mängel bes Titels rechtfertigen soll. Wie kann z. B. ber Kauf ben Irrthum über bas fehlenbe Eigenthum ober Verkaufsrecht bes Verkäufers rechtfertigen? Man müßte sagen, es sei nicht wahrscheinlich, baß Jemanb eine Sache verkaufe, die ihm nicht gehört. Allein factisch kann ja der Richt=eigenthümer eben so gut verkaufen, wie der Eigenthümer, unb thut es boch auch oft genug. Somit kann nicht bas verkaufen als solches ben Glauben an bas Eigenthum bes Verkäufers rechtfertigen, sonbern nur die ben Verkauf begleitenben Umstänbe können es, biese sinb aber an sich etwas außer bem Titel als solchem liegenbes. Beim Kaufe von einem Minberjährigen ober Wahnsinnigen sagt Savigny selber: [2]) „Natürlich wird vorausgesetzt, baß die irrige Annahme burch bas täuschenbe äußere Ansehen der Person unterstützt wurbe".

---

[1]) System 3, 371. Aehnlich Winbscheib, Panbekten §. 173.
[2]) System, 3, 373 not. f.

Allein dann ist es ja dieses „täuschende Ansehen der Person", was den Irrthum rechtfertigt, nicht der Kauf an sich.

Das Verhältniß ist daher nur folgendes: Weil der Erwerb eines Rechts nicht ohne einen Rechtsgrund möglich ist, so kann man auch den Glauben, ein Recht zu erwerben, nicht anders haben, als wenn man einen Erwerbsgrund oder Titel entweder wirklich hat oder wenigstens zu haben glaubt, sei es speciell, wie beim Putativtitel, oder wenigstens im allgemeinen, wie bei der außerordentlichen Verjährung. Insofern ist also der Titel (oder wenigstens seine Annahme) eine Voraussetzung des Glaubens, dieser ist negativ nicht ohne ihn möglich, keineswegs begründet er ihn aber im übrigen auch positiv. Der Kauf beweist nicht, daß man bona fide kauft, denn man kann auch mala fide kaufen. Insofern entnimmt Stinßing (S. 71) daraus nicht ohne Schein ein Argument gegen das Erforderniß der Rechtfertigung des Glaubens und Irrens, indem er sagt, daß man ja dann eigentlich zwei Titel, einen für den Besitz und einen für den Glauben, fordern müsse. Eine solche iusta ignorantiae causa ist beim Putativtitel allerdings wirklich nöthig. Allein bei diesem handelt es sich eben wesentlich nur um den Glauben an das bestimmte einzelne Factum, was den Titel begründen würde, und dieses einzelne glauben kann und muß concret gerechtfertigt werden. Die bona fides besteht aber grade wesentlich nicht in einem einzelnen irren und glauben, sondern in der redlichen Gesinnung überhaupt in ihrer Beziehung auf sämmtliche Elemente und Erfordernisse des einzelnen vorliegenden Geschäftes. Für die bona fides in diesem Sinne giebt es keine besondere causa, und darum auch keinen besondern Beweis, sondern sie kann nur in den einzelnen Beziehungen und Punkten des Geschäfts geläugnet nnd widerlegt werden, wenn der Gegner beweist, daß man die einzelne Widerrechtlichkeit entweder wirklich gewußt hat, oder wenigstens als redlicher Mann hätte wissen sollen, also unverantwortlicher Weise sie nicht gewußt, nur leichtfertig und in eigennütziger Verblendung an sein Recht geglaubt hat, daß man mit einem Worte nicht „bona fide credidit". Damit erklärt sich denn auch von selber die eigentliche Bedeutung und Begründung der s. g. Präsumtion für die bona fides. Faßt man diese als Präsumtion für den Glauben an ein bestimmtes einzelnes concretes Factum, so hat sie keinen Sinn und Grund, sieht man darin die Vermuthung für die redliche Gesinnung bei dem ganzen Geschäfte oder Verhältnisse, so versteht sie sich von selbst.

§. 12. Der Rechtsirrthum bei der Usucapion.

Es ist nunmehr noch das Verhältniß des Rechtsirrthums zur bona fides und zur Verjährung festzustellen. Den Ausgang für diese Untersuchung bildet die bekannte Regel der L. 31 pr. de usuc.: Nunquam in usucapionibus iuris error possessori prodest.

Es ist dabei zunächst der Umfang, in welchem sie anzuwenden ist, zu bestimmen, und dann das Verhältniß, in welchem sie zur bona fides steht.

Wächter's Ansicht (§. 4. 22) über die Regel ist, daß sie sich nur auf den Putativtitel beziehe, nur dessen Annahme bei Rechtsirrthum ausschließe, hier aber selbständig und ausnahmslos, mit der bona fides hänge sie nicht zusammen und darum sei sie bei der außerordentlichen Verjährung völlig unanwendbar. Bei dieser Ansicht muß zunächst die Beschränkung der Regel auf den Putativtitel in hohem Grade auffallend erscheinen. Die Regel ist nicht nur in der obigen Stelle mit besonderer Betonung ihrer Allgemeinheit ausgesprochen (nunquam — prodest), sondern in verschiedenen anderen Stellen ebenso allgemein, in L. 4 de iur. ign.:

Iuris ignorantiam in usucapione prodesse negatur.

in L. 32 §. 1 de usuc.:

— in iure erranti non procedit usucapio.

in L. 2 §. 15 pro emtore:

— non capies usu, quia iuris error nulli prodest.

Daß die Möglichkeit eines beschränkteren Sinnes dadurch nicht absolut ausgeschlossen ist, soll nicht geleugnet werden, allein wenigstens müßten es doch sehr dringende Gründe sein, wodurch namentlich eine so weitgehende Beschränkung, wie die auf den Putativtitel gerechtfertigt werden könnte. Die Gründe sind nun aber, so viel ich sehe, keine andern als zunächst der innere, daß es sich nur beim Putativtitel um einen ächten Irrthum handle, bei den Fällen von Irrthum aber, die die bona fides begründen, nur um unächten, und dann der äußere, daß sich einzelne Anwendungen der Regel nur bei dem Putativtitel fänden. Bei dem ersten Grunde ist zwar das richtig, daß es bei den Fällen von Irrthum, die Savigny als unächten Irrthum bezeichnet, auf die Entschuldbarkeit des Irrthumes und darum auch auf den Unterschied von factischem und rechtlichem Irrthume, nicht ankommt; allein es ist bereits oben S. 73 und S. 95 gezeigt, daß dieses auf den Begriff von unächtem Irrthume, den Wächter

aufstellt, nicht paßt, und daß der Irrthum bei der Usucapion, namentlich
der über das Eigenthum des Auctors, zum unächtem Irrthume in Sa=
vigny's Sinne nicht gerechnet werden kann.

Ebenso ist der zweite Grund zwar an sich richtig, allein die All=
gemeinheit der Regel wird durch die einzelnen Anwendungsfälle nicht
widerlegt, sondern umgekehrt nur bestätigt, da die Anwendung auf
den Putativtitel dabei ausdrücklich nur als Consequenz einer allge=
meineren Regel hingestellt wird. In der L. 2 cit. heißt es:
— non capies usu, quia iuris error nulli prodest.
und in der L. 31:
Nunquam in usucapionibus iuris error prodest, et ideo etc.
Die L. 2 sagt also: weil der Rechtsirrthum nie nützt, nützt er
auch bei der Usucapion nicht, und die L. 31: weil er bei der Usu=
capion nie nützt, nützt er auch in dem Falle nicht, wenn u. s. w.
Damit ist die Ableitung der einzelnen Entscheidungen aus dem all=
gemeinen Grundsatze nicht nur deutlich sondern unbestreitbar aus=
gesprochen, und jede Annahme einer besondern Regel für den Pu=
tativtitel absolut ausgeschlossen. Man müßte schon danach die All=
gemeinheit der Regel festhalten, wenn sie auch durch keine weitern
Gründe positiv unterstützt würde. Indessen fehlt es auch an solchen
nicht. Wächter hat zwar die von mir angeführten bestritten, doch
kann ich sie nicht als widerlegt anerkennen. Der erste ist die viel
besprochene L. 32 §. 1 de usuc., worin es heißt, daß, wer irr=
thümlich ein gesetzliches Usucapionsverbot annehme, nicht usucapiren
könne, „quia in iure erranti non procedit usucapio". Da die
Stelle sich nicht auf den Putativtitel bezieht, so zeigt sie, daß man
eine anderweitige Anwendung der Regel für möglich gehalten, die
Regel also in einem weiteren Umfange als nur für den Putativ=
titel aufgefaßt hat. Welchen Fall der Anwendung die Stelle im
Sinne hat, ist zwar zweifelhaft, und Wächter wendet daher ein, der
Sinn der Stelle sei so zweifelhaft und bestritten, daß man daraus
kein sicheres Resultat entnehmen könne. Allein mag der Sinn sein
welcher er will, so ist ja jedenfalls das außer allem Zweifel, daß die
Stelle nicht vom Putativtitel spricht, und nur darauf allein kann
es bei der vorliegenden Frage ankommen. Auch zeigt die Stelle,
daß die Allgemeingültigkeit der Regel sehr fest gestanden haben muß.
Pomponius führt für seinen auffallenden Satz über das Usucapions=
verbot zwei Gründe an: „vel quia non bona fide videatur possidere,

vel quia in iure erranti" etc. Er stellt also die Regel über den
error iuris neben die über. die bona fides, und offenbar beide als
gleichmäßig von anerkannter zweifelloser Kraft. Natürlich nimmt
man auch zu einer so kurzen Begründung eines problematischen
Satzes nur Gründe, die wenigstens an sich unzweifelhaft und nicht
selber schon problematisch sind.

Ein zweiter Grund ist, daß die Regel in der Stelle von Pom=
ponius und überhaupt im zweiten Jahrhunderte der Kaiserzeit bereits
als eine feste, althergebrachte erscheint, während die Zulassung des
Putativtitels damals erst ihren Anfang genommen hat. Sie ist
also nicht als eine Ausnahme von der Zulassung der Putativtitel
eingeführt, sondern umgekehrt wurden diese nur so weit eingeführt,
als die alte Regel es duldete. Hiergegen wendet Wächter ein, daß
das höhere Alter der Regel nirgend bezeugt sei, daß man höchstens
gleiche Entstehungszeit für die Regel und die Zulassung der Putativ=
titel annehmen könne, und daß dieses gerade für ihren inneren Zu=
sammenhang spreche. Allein wenn auch kein directes Zeugniß für
das Alter der Regel überliefert ist, so zeigt doch zunächst die feste,
objective, sprichwortartige Weise, in der schon Pomponius sie anführt:
error iuris non prodest, nunquam prodest, nulli prodest, so wie
ihre Gleichstellung mit der bona fides in der L. 32 cit. zur Genüge,
daß man sie damals bereits als eine alte zweifellose Regel über=
kommen hat. Man vergleiche damit nur die Art, wie der Putativ=
titel auftritt. Celsus verwirft ihn noch vollständig, [1]) Africanus sagt, [2])
es sei zwar alte Regel (vulgo traditum est): ohne Titel keine Usu=
capion, aber man müsse dies beschränken: hactenus verum esse ait,
si nullam iustam causam erroris habeat, und ähnlich Neratius: [3])
ita interpretandum est, ut probabilis error non obstet. Schon
die subjective Art, mit der die Zulassung des Putativtitels hier auf=
gestellt wird, zeigt die Neuheit des Principes im Vergleiche mit der
alten objectiven Regel. Dazu kommt der zweifelhafte Erfolg der
Neuerung, indem nicht nur Ulpian und Paulus, [4]) sondern auch
noch Diocletian [5]) die alte Regel wiederholen, und selbst Justinian

---

[1]) L. 27 de usuc.
[2]) L. 11 pro emtore.
[3]) L. 5 pro suo.
[4]) L. 27 de usuc. I. 2 §. 2 pro emtore.
[5]) L. 5 C. de praescr. (7, 33). L. 3 C. de usuc. pro don. (7, 27).

noch bie Wiberſprüche aufnimmt. [1] Auch ohne birectes Zeugniß iſt
in bieſen Umſtänben ein genügenber hiſtoriſcher Beweis enthalten.
Ein britter Grunb für bie Allgemeingültigteit ber Regel bei ber
Uſucapion iſt, baß ſie nicht nur als eine einfache Conſequenz ber
allgemeinen Regel error iuris nocet für bie Uſucapion erſcheint,
ſonbern insbeſonbere auch eine ſpecielle Anwenbung ber allgemeinen
Unterſcheibung beim Rechtsirrthume bilbet, welche in L. 7 unb 8
de iur. ignor. ausgeſprochen iſt:
Juris ignorantia non prodest acquirere volentibus, suum vero
petentibus (l. 8: in damnis amittendae rei suae) non nocet.
Es iſt oben im Gutachten S. 22—24 ausgeführt, baß man bieſen
Ausſpruch nicht mit Savigny [2]) für völlig bebeutungslos erflären
bürfe [3]), baß man barin vielmehr eine regula iuris ſehen müſſe, bie,
wenn ſie auch nicht buchſtäblich als eigentliches Princip für bie ganze
Behanblung bes Irrthums gelten tann, boch jebenfalls bie allgemeine
maßgebenbe Ibee enthält, ber Rechtsirrthum ſei ſtrenger zu beurtheilen, wenn es ſich um Erlangung eines Vortheiles hanbelt, als
wenn um Eintritt unb Abwenbung eines Nachtheiles. Es iſt bas
an ſich ein ſehr natürliches unb billiges Princip (wie unten §. 15
näher zu zeigen iſt), unb wenn auch bie Grenze zwiſchen beiben im
einzelnen mitunter zweifelhaft ſein tann, ſo iſt boch grabe bie Uſucapion unzweifelhaft zu ber erſteren Kategorie zu rechnen. Daß nun
bieſer „allgemeine Gebante, ber ben Stellen zu Grunbe liegt, zu-
zugeben iſt“, iſt auch Wächters Anſicht (S. 106). Er hatte ſich
ſchon früher [4]) gegen bie Ausführung Savigny's erflärt, wonach
bieſer „auf ein Reſultat tommt, nach welchem bie Gegenſätze in
L. 7 unb 8 über bie verſchiebenen Fälle bes Rechtsirrthums für
bas pratiſche Recht ganz bebeutungslos würben.“ Ebenſo ſtimmt
er jetzt unb früher in ber Beziehung bes „acquirere“ auf bie Uſucapion überein, bagegen meint er (S. 108), jetzt wie früher, man
bürfe bie Regel „blos auf bas Vorhanbenſein eines gültigen Titels,
nicht auch auf bie bona fides beziehen, nur bei bem Titel ſchabe bem
Beſitzer ber Rechtsirrthum, unb zwar unbebingt.“ Allein wenn man

---

[1]) Vgl. Fitting, im Arch. f. b. civ. Prax. 52, 418.
[2]) Syſt. 3, 344—53.
[3]) Dagegen auch Vangerow, Panbelten 1, 122—126.
[4]) Würt. Privatr. 2, 123 n. 17.

die Regel überhaupt einmal als practisch anerkennt und auf die Usucapion bezieht, so ist die Beschränkung auf den Putativtitel keinenfalls in den Worten selber irgend wie begründet, ihre Hereinziehung von außen würde aber natürlich voraussetzen, daß die Beschränkung überhaupt an sich begründet wäre, was aber grade erst zu erweisen wäre.

§. 13. Der Rechtsirrthum bei der außerordentlichen Ersitzung.

Gilt die Regel über den Rechtsirrthum auch bei der außerordentlichen Ersitzung? Wenn sie auf den Putativtitel beschränkt wäre, natürlich nicht, da ja ein Titel bei dieser überhaupt nicht erforderlich ist. Wächter bestreitet ihre Anwendung aber auch darum, weil sie „nur für die Usucapion ausgesprochen, also auf diese zu beschränken ist" (§. 25 a. E.), der Rechtsirrthum hebe nicht den Begriff der bona fides auf, sondern könne höchstens nach besonderer Bestimmung ihre Wirkung ausschließen, diese Bestimmung sei aber jedenfalls nur für die Usucapion ausgesprochen (§. 26). Allein diese Unterscheidung zwischen Begriff und Wirkung der bona fides kann die Ausschließung der Regel bei der außerordentlichen Ersitzung nicht rechtfertigen. Zunächst ist der Grund, daß die Regel nur für die ordentliche Ersitzung ausgesprochen sei, thatsächlich nicht richtig. Die Regel „error iuris nocet" ist in L. 9 de iur. ign. ganz allgemein ausgesprochen, ebenso in L. 7 und 8 die Regel „iuris ignorantia non prodest acquirere volentibus", und in L. 2 §. 15 pro emtore ist die Ausschließung der Usucapion durch Rechtsirrthum nicht als eine besondere Usucapionsregel hingestellt, sondern nur als eine Anwendung der allgemeinen Regel:

— non capies usu, quia error iuris nulli prodest.

In den drei andern Stellen (oben S. 101) ist die Regel allerdings nur in Beziehung auf die Usucapion ausgesprochen, allein die L. 4 steht im Titel de iuris ignorantia mitten unter den allgemeinen Aussprüchen über Irrthum, und zwar ganz einfach ohne die mindeste Andeutung, daß die Regel etwas besonderes grade nur für die Usucapion wäre und nicht bei andern Ersitzungen grade ebenso gelten könne und müsse. Die Anwendung einer Regel auf einen Fall schließt ja die Anwendung auf andere nicht aus. Und daß sie auch

wirklich anderweitig angewendet ift, läßt ſich ja kaum bezweifeln.
Bei der 30jährigen Erſitzung, die erſt von Juſtinian eingeführt iſt,
konnten die römiſchen Juriſten zwar noch keine Anwendung machen,
bei der praescriptio longi temporis aber, die ja zur Zeit der claſſi=
ſchen Juriſten von der Uſucapion noch ganz getrennt war, iſt die
Anwendung der Regel noch von Niemanden bezweifelt, ſelbſt von
Hameaux[1]) nicht, der doch ſonſt alle irgend erfindlichen Unter=
ſchiede von Uſucapion und Präſcription aufgetrieben hat. Auch iſt
es, da beide Erſitzungen in ihrem inneren Grunde und Zwecke ſo
gleich waren, daß ſie Juſtinian zuletzt ganz vereinigt hat, kaum denk=
bar, daß in dieſer Beziehung ein Unterſchied zwiſchen ihnen ſtatt=
gefunden hätte. Daß wir keine Stellen darüber in Pandekten oder
Codex haben, erklärt ſich grade aus ihrer Vereinigung von ſelber.

Wenn nun aber die Wirkung des Rechtsirrthums bei der Uſu=
capion nichts beſonderes und ſinguläres war, ſondern nur auf der
der Anwendung der allgemeinen Grundſätze beruhte, und darum bei
der praescriptio longi temporis, nachdem ſie aus einer extinctiven
Klagenverjährung zu einer acquiſitiven Eigenthumserſitzung aus=
gebildet war, ohne weiteres grade eben ſo angewendet wurde, ſo
muß man fragen, ob nicht auch bei der praescriptio XXX annorum,
ſeitdem ſie gleichfalls aus einer extinctiven Klagenverjährung zu einer
acquiſitiven Eigenthumserſitzung umgewandelt iſt, derſelbe Grundſatz
ganz gleichmäßig angewendet werden müſſe. Daß ſie erſt ſo viel
ſpäter von Juſtinian eingeführt iſt, kann in keiner Weiſe ein Hinder=
niß ſein nach dem bekannten Principe der L. 26 u. 27 de legibus:
Non est novum, ut priores leges ad posteriores trahantur.
Ideo, — semper quasi hoc legibus inesse credi opor-
tit, ut ad eas quoque personas et ad eas res pertinerent,
quae quandoque similes erunt.
Daß die neue Erſitzung der alten „similis“ iſt, iſt klar. Juſti=
nian ſelber ſtellt ſie in L. 8 C. de praescr. XXX ann. (7, 39) in un=
mittelbare Parallele, indem er erſt von der Einrede und Klage bei
der alten praescriptio ſpricht, und dann das „praedictum auxilium“
und „simile praesidium“ auch für die neue anordnet. Savigny[2])
ſagt daher mit Recht, daß man ſie conſequenter Weiſe als Uſucapion

---

[1]) Die usucapio und longi temporis praescriptio. S. 138—9.
[2]) Beſitz. §. 2. S. 30 (7. Aufl.).

von 30 Jahren bezeichnen müsse. Der einzige Zweifelsgrund könnte
der sein, daß Justinian den Rechtsirrthum nicht ausdrücklich erwähnt,
sondern nur Besitz und bona fides fordert. Damit, könnte man
sagen (falls man überhaupt den Rechtsirrthum von der bona fides
ganz trennt), sei die Rücksicht auf Rechtsirrthum grade eben so
ausgeschlossen, wie die auf Titel und Usucapionsverbote. Allein
zwischen beiden ist denn doch ein bedeutender Unterschied. Das Erforderniß des Usucapionstitels und die Usucapionsverbote beruhen
auf besonderen speciellen Bestimmungen für die alte Usucapion, und
sind darum bei der neuen von selber ausgeschlossen. Die Wirkung
des Rechtsirrthumes bei der Usucapion ist dagegen nichts als die
Anwendung der allgemeinen Regel: error iuris cuique nocet und
acquirere volentibus non prodest. Justinian hat aber in seinem
kurzen Gesetze natürlich nur die besondern Erfordernisse seiner neuen
Ersitzung bestimmen wollen, die Anwendung der allgemeinen Rechts-
grundsätze ist daneben als sich von selber verstehend anzusehen. Dazu
gehört aber die Ausschließung des Erwerbs im Falle eines Rechtsirrthums grade eben so gut wie z. B. die Ausschließung des Erwerbes bei Rechtsunfähigen und bei res extra commercium. Wenn
man daher bei der Usucapion sagt: der Rechtsirrthum verhindert
nach den allgemeinen Grundsätzen zwar nicht das Dasein der bona
fides, wohl aber ihre Wirkung, so muß man dasselbe hier grade
ebenso annehmen. Offenbar hat sich auch Justinian Begriff und Wirkung der bona fides bei beiden Ersitzungen ganz gleich gedacht. Er
sagt zuerst von der alten praescriptio:

> Si quis — rem bona fide per X annos possederit et longi
> temporis exceptionem contra dominos — acquisierit, postea-
> que possessionem perdiderit, posse eum etiam actionem ad
> vindicandam eandem rem habere, sancimus;

und dann von der neuen:

> Quodsi quis eam rem desierit possidere, cuius dominus —
> exceptione XXX annorum expulsus est, praedictum auxilium
> cum moderata divisione ei praestari censemus, ut, si quidem
> bona fide eam rem tenuerat, simili uti possit praesidio, sin
> vero mala fide etc.

Die Parallele ist so absichtlich und durchgreifend, daß eine Verschiedenheit in der Anwendung der allgemeinen Grundsätze vom

Rechtsirrthume auf die bona fides nicht angenommen werden kann, mag man sie auf ihren Begriff oder ihre Wirkung beziehen.

Daß indessen diese ganze Unterscheidung überhaupt gar nicht begründet ist, wird sich in den folgenden Paragraphen zeigen.

§ 14. Error iuris und bona fides.

Die zweite Hauptfrage über den Rechtsirrthum ist die über sein Verhältniß zur bona fides. Es versteht sich von selbst, daß, wenn man unter bona fides nur das factische Glauben begreift, es vollständig gleichgültig sein muß, ob der dabei zu Grunde liegende Irrthum ein factischer oder ein rechtlicher ist. Faßt man die bona fides dagegen in ihrer römischen Bedeutung als Rechtlichkeit auf, die das Element der Ueberlegung mit in sich schließt, so versteht sich eben so von selbst, daß die Unterlassung der schuldigen Erwägung der betreffenden Rechtssätze nicht weniger die bona fides ausschließt, als die Leichtfertigkeit in Betreff der Thatsachen. Im Gegentheil muß die Anforderung hier noch strenger sein, da es ja ein allgemeiner natürlicher Satz ist, daß im ganzen Rechte der Rechtsirrthum strenger beurtheilt wird, als der factische. [1]) Die Unkenntniß des Gesetzes darf Niemandem Vortheil bringen (iuris error nulli prodest), daher muß im ganzen Rechte in der Regel der Rechts=unwissende dem wissenden gleich behandelt werden. Man darf nicht entgegenhalten, daß mala fides dem dolus gleich stehe und daher Bewußtsein und Absicht voraussetze. Das Verhältniß ist wie bei dolus und culpa lata: wie die lata culpa zum dolus gehört, so der error iuris zur mala fides.

Daß die Römer dieses Princip wirklich gehabt haben, läßt sich mit großer Sicherheit nachweisen. Es zeigt sich zunächst schon darin, daß selbst im Strafrechte, wo doch eigentlich der rein factische Bestand des wissens und wollens entscheiden zu müssen scheint, die Berücksichtigung des Rechtsirrthums regelmäßig ausgeschlossen ist.

Schon von anderen, namentlich Savigny, [2]) ist nachgewiesen, daß die Römer auch bei solchen Delicten, zu deren Begriffe und That-

---

[1]) L. 2 de iur. ign.: „In omni parte error in iure non eodem loco, quo facti ignorantia haberi debebit, cum" etc.

[2]) System 3, 388—395.

beſtanbe dolus, b. h. Bewußtſein und Abſicht, gehört, und bei denen daher factiſcher Irrthum die Strafbarkeit ausſchließt, doch auf Un= kenntniß des Strafgeſeßes keine Rückſicht nehmen, alſo den Rechts= unwiſſenden dem wiſſenden gleich behandeln. Und zwar iſt dies nicht etwa nur bei denjenigen Strafgeſeßen, die auf dem ius na- turale beruhen, ſondern auch bei rein poſitiven Beſtimmungen des ius civile, nur daß bei den leßteren die bekannten Begünſtigungen der Weiber, Minderjährigen und ſ. g. rustici eintreten. Aber ſelbſt da, wo ausdrücklich die Worte dolus malus gebraucht waren, wurden doch nur wegen rusticitas, nicht wegen einfacher ignorantia Ausnahmen zugelaſſen.[2] Zweifelhaft kann nur ſein, ob dieſe Behandlung des Rechtsirrthums nur dann eintritt, wenn der Irrthum das Straf= geſeß als ſolches betrifft, oder auch dann, wenn er ſich nur auf die ſtrafbare Beſchaffenheit der einzelnen Handlung bezieht. Beim fur- tum wird factiſcher, b. h. bewußter, animus furandi geſordert, und darum namentlich bei einem Rechtsirrthume über das Eigenthum an der geſtohlenen Sache kein furtum angenommen.[3] Ob dieſes, wie Savigny meint, allgemein bei allen Delicten analog anzuwen= den iſt, oder auf dem beſonderen Erforderniſſe des animus furandi beruht, mag hier dahin geſtellt bleiben. Die über einzelne Delicte überlieferten Stellen ſcheinen zwar nur das Strafgeſeß im Auge gehabt zu haben, doch iſt in der allgemeinen Aeußerung von Mo= beſtinus in der Coll. 1, 12 eine ſolche allgemeine Unterſcheidung keinenfalls irgend wie angedeutet:

Nonnunquam per ignorantiam delinquentibus iuris civilis ve- nia tribui solet, si modo rem facti quis, non iuris ignoret.[4]

Die Gleichſtellung des Rechts=unwiſſenden mit dem wiſſenden darf man aber andererſeits auch nicht als einen blos ſtrafrechtlichen, etwa aus dem Abſchreckungsprincipe abgeleiteten, Saß anſehen, ſon= dern ſie findet ſich gerade ebenſo auch im Privatrechte. Sie zeigt ſich zunächſt noch ohne Beziehung auf bona und mala fides in allen den Fällen, wo die Wirkungen des Irrthumes bei Rechtsirrthum ausgeſchloſſen werden, wie bei der condictio indebiti, confessio in

---

[2] So z. B. bei dem Edicte, wenn Jemanden die prätoriſchen Edicte „dolo malo corruperit". L. 7 pr. §. 4 de iurisdictione.

[3] L. 36. 37 de usuc.

[4] Aehnlich in L. 11 §. 8 D. 3, 2: ignorantia enim excusatur, non iuris sed facti.

iure, Macedonianum, Erbſchaftsverzichten u. ſ. w., zum Theil in ſehr auffälliger Weiſe, z. B. bei der confessio in iure:

Non fatetur qui errat, nisi ius ignoravit. [1])

Geſtändniß ſcheint durch Irrthum abſolut ausgeſchloſſen zu ſein; dennoch wird der Rechts-unwiſſende dem wiſſenden gleich und barum als geſtehend behandelt.

Bei dem Bürgen, der aus einer ungültigen Bürgſchaft gezahlt hat, wird geſagt:

si cum fideiussor ignoraret inutiliter se obligatum, solverit, an mandati actionem habeat? Et si quidem factum ignoravit, recipi ignorantia eius potest, si vero ius, aliud dici debebit.

Beim tempus utile der bonorum possessio werden nur die Tage gerechnet, „quibus scierit", [2]) aber „iuris ignorantia non prodest, quominus dies cedat,"[3]) alſo der Rechts-unwiſſende ſteht dem wiſſenden gleich; und in Betreff der Rechtskenntniß kommt in Betracht „scientia, quam quis aut habet aut assequi potest," alſo das „aut scit aut scire debet" ſtehen auch hier gleich.

Beim SC. Macedonianum heißt es:[4])

Si quis patrem familias esse credidit, non vana simplicitate deceptus nec iuris ignorantia, — cessabit SC.

Der auf einem leichtfertigen factiſchen Irrthum [5]) oder auf einem Rechtsirrthume beruhende Glaube ſoll nicht beachtet, ſondern dem Wiſſen gleich behandelt werden. Hier wird alſo ganz direct ein credere, was auf einem Rechtsirrthum beruht, dem non credere gleich geſtellt. Unwillkürlich wird man dadurch an das bona fide credere beim Proceſſe mit dem falſchen Tutor (oben S. 86) erinnert, und damit iſt denn von ſelber der Uebergang zu dem glauben bei der bona fides gegeben. Ein glauben aus Rechtsirrthum iſt keine bona fides. Davon finden ſich folgende einzelne Anwendungen: Zum interdictum de aqua ducenda iſt bekanntlich Ausübung bona fide erforderlich. Dabei heißt es in L. 1 §. 10 de aqua:

---

[1]) L. 2 de confessis. Vgl. Savigny 3, 387.

[2]) L. 2 pr. quis ordo. 38, 15.

[3]) L. 10 de bon. poss.

[4]) L. 3 pr. ad SC. Macedon.

[5]) In L. 19 cod. heißt es: „qui sciret aut scire potuisset, filium familias esse eum, cui credebat."

— si tamen iure ducere se putavit, cum non in iure sed in
facto erravit.

Auch hier gilt also ein Glaube aus Rechtsirrthum rechtlich nicht
als Glaube und begründet keine bona fides. Ebenso heißt es bei
der Indignität wegen unterlaſſener Verfolgung der Mörber des Erb=
laſſers: [1]

— heredem, qui sciens defuncti vindictam insuper habuit,
fructus omnes restituere cogendum existimavi, — deceptum
autem ignoratione facti bonae fidei possessoris defensio-
nem habiturum.

Also nur bei error facti wird der Erbe als bonae fidei possessor
behandelt, bei error iuris ſteht er dem gleich „qui sciens insuper
habuit,“ also dem mala fidei possessor.

Eine unmittelbare Beziehung auf den Uſucapionsbeſitz hat endlich
eine Stelle über die actio Publiciana. Hier wird in L. 7 §. 11
de Public. vom Publicianiſchen Edicte geſagt:

Praetor ait: qui bona fide emit; non igitur omnis emtio
proderit sed ea, quae bonam fidem habet.

Dazu wird in L. 13 §. 2 aus Gajus Commentare zu dem Edicte
folgende Anwendung gegeben:

Qui a pupillo emit, probare debet, tutore auctore lege non
prohibente se emisse; sed et si deceptus falso tutore auctore
emerit, bona fide emisse videtur.

Wer von einem Pupillen kauft, muß, um als b. f. possessor für
die Publiciana zu gelten, beweiſen, daß er mit Genehmigung des
Vormundes und ohne geſetzliches Verbot gekauft hat; ausgenommen
wird nur der Fall, wenn er im Irrthume von einem falſchen Tutor
gekauft hat; dann gilt er auch noch als b. f. emtor, weil dies ein
factiſcher Irrthum iſt, [2] wobei aber nach der L. 2 über den falſchen
Tutor auch noch vorausgeſetzt werden muß, daß er wirklich „bona
fide crediderit“. Nicht ausgenommen ſind aber die beiden anderen
Fälle, wenn er aus Rechtsunkenntniß ohne allen Tutor oder gegen
ein geſetzliches Verbot gekauft; dann gilt er also nicht als bonae
fidei emtor.

[1] L. 17 de his, quibus ut indignis.
[2] Vat. fr. §. 1. L. 27 de contrahenda emt. L. 1. 2 quod falso tutore.

Dasselbe sagt in umgekehrter Weise Paulus in L. 27 de contr. emt.:

— qui sine tutoris auctoritate a pupillo emit, vel falso tutore auctore, quem scit tutorem non esse, non videtur bona fide emere.

Auch hier wird nur beim falschen Tutor ein Gewicht auf das wissen und irren gelegt; wenn aber gar kein Tutor zugezogen ist, so wird auch hier kein Unterschied gemacht, ob die Zuziehung mit oder ohne Kenntniß ihrer Nothwendigkeit unterlassen ist, in beiden Fällen gleichmäßig „non videtur bona fide emere". Für den letzteren Fall heißt es in L. 2 §. 15 pro emtore:

quodsi putes, pupillis licere res suas sine tutoris auctoritate administrare, non capies usu, quia iuris error nulli prodest.

Dieses „nulli prodest" und das obige „bona fide non emere" stehen demnach ganz auf gleicher Linie, als Grund und Folge, der Rechtsirrthum nützt nicht, eben weil man dann nicht als in bona fide befindlich gilt. Dieses Resultat ergiebt sich hier so unmittelbar und steht mit der gesammten Behandlung des Rechtsirrthumes in so natürlichem Zusammenhange, daß dadurch die Unterscheidung der Kategorien von Begriff an sich und Wirkung, auf die Wächter die Sache reduciren will, von selber ausgeschlossen ist. Diese passen eben nur zu dem Begriffe des „guten Glaubens", nicht zu dem der „bona fides". Die weitere innere Begründung davon wird unten §. 16 ausgeführt werden.

§. 15. Der §. 4 J. de usucapionibus und die L. 25 §. 6 D. de hereditatis petitione.

Die Resultate, die sich auf diese Weise für das Verhältniß von bona fides und Rechtsirrthum ergeben, werden nun auch nicht durch die beiden Stellen umgestoßen, die Wächter gegen die Ausschließung der bona fides durch Rechtsirrthum geltend gemacht hat, §. 4 J. de usuc. und L. 25 §. 6 de H. P. Doch sind zu der oben im Gutachten gegebenen Interpretation noch folgende Elemente hinzuzufügen.

Bei der Institutionenstelle ist von entscheidender Wichtigkeit, daß die Stelle aus Gajus (2, 50) entnommen ist, und daß dieser dabei von bona fides überhaupt gar nicht spricht, dieser Ausdruck vielmehr erst durch eine ungeschickte Interpolation von Justinian in die

Stelle hineingekommen ist. Gajus spricht davon, daß res furtivae nicht usucapirt werden können, und daß daher bei dem weiten Umfange des Begriffes furtum die Usucapion bei Mobilien überhaupt selten möglich sei, jedoch immerhin in einzelnen besondern Fällen. Von diesen giebt er einzelne Beispiele und sagt, was buchstäblich auch in die Institutionen aufgenommen ist:

si heres rem defuncto commodatam aut locatam vel apud eum depositam, existimans eam esse hereditariam, vendiderit aut donaverit, furtum non committit; item si is, ad quem ancillae ususfructus pertinet, partum et *(iam)* suum esse credens, vendiderit aut donaverit, furtum non committit; furtum enim sine affectu furandi non committitur.

Die Stelle ist merkwürdiger Weise von Gajus selber schon buchstäblich, nur mit Einschaltung eines weiteren Beispieles, in seinen Res quotidianae wiederholt, und von da auch in die Pandekten, in L. 36 de usuc., aufgenommen. Sie enthält in Bezug auf res furtivae den bekannten Satz, daß ein furtum nicht ohne animus furandi angenommen wird, und daß dieser animus rein factisch als wirkliche diebische Absicht zu beurtheilen ist. Darum wird hier die lata culpa dem dolus nicht gleichgestellt, und darum verhindert unbedingt jeder Irrthum, auch der rechtliche, die Annahme des animus furandi und damit auch die eines furtum. Die Beispiele sind, gemäß der Beziehung zur Usucapion, von einem furtum, was durch Veräußerung fremder Sachen geschieht, genommen, und zwar wohl absichtlich eines von error facti und eines von error iuris. Die Begriffe bona und mala fides sind dabei weder hier noch in irgend einer andern Stelle von den alten Juristen auf die Begehung eines furtum durch Veräußerung angewendet, offenbar weil sie dem Gegensatze von wissend und irrend nicht ganz entsprechen. Darum ist Wächter's Argument, jede Veräußerung mala fide sei furtum, nicht richtig.

Erst Justinian hat die bona fides in die Stelle hineingebracht, indem er in den ersten Satz hinter das Wort „donaverit“ folgenden Zusatz eingeschaltet hat:

aut dotis nomine dederit, quin is qui acceperit usucapere possit, dubium non est, quippe ea res in furti vitium non ceciderit, cum utique heres, qui bona fide tanquam suam alienaverit, —

8

Was er mit diesem tautologischen Zusatze gewollt hat, ist schwer zu sagen. Etwas Neues sagt er nicht, der Gedanke war bei Gajus vollständig klar, die Diction aber ohne das holperige „quia — quippe — cum" ungleich eleganter. Indessen enthält der Satz, da er sich auf das erste Beispiel, das von error facti bezieht, auch nichts falsches, denn es ist unzweifelhaft richtig, daß, wer bona fide ver= äußert, kein furtum begeht. Weitere Folgerungen und materielle Aenderungen des alten Begriffes kann man daraus aber in keiner Weise ableiten. Namentlich paßt das argumentum ab absurdo nicht, was Wächter (S. 82) mir aufbürden will. Der Zusammenhang von §. 4 und 5, der bei Gajus ganz einfach ist, müßte jetzt, wenn der Verfasser der Interpolation überhaupt einen klaren logischen Gedanken dabei gehabt hat, so genommen werden: wer bona fide veräußert, begeht kein furtum; gleichfalls (item) begeht aber, da es hier nur auf den factischen animus furandi ankommt, auch der kein furtum, der aus Rechtsirrthum, also nicht eigentlich bona fide, ver= äußert.

Von ungleich größerer Bedeutung ist die zweite Stelle, die L. 25 §. 6 de hered. petit. Bei ihrer Erklärung ist folgendes zu erwägen. Das SC. Juventianum unterscheidet bei seinen Bestimmungen über die Haftung der unberechtigten Erbschaftsbesitzer „eos, qui bona in-vasissent, cum scirent, ad se non pertinere" und „eos, qui iustas causas habuissent, quare bona ad se pertinere existimassent": die ersteren haften absolut, die letzteren nur bis auf ihre Bereicherung. Die Unterscheidung entspricht an sich der von malae und bonae fidei possessio. Denn die, „qui iustas causas habent, quare existiment", sind buchstäblich die, welche gerechten Grund zum glauben haben, also die, welche in wohl begründetem oder entschuldbarem Irrthume glauben, folglich nicht die, welche aus unentschuldbarem, factischen oder rechtlichen, Irrthume glauben. Als Gegensatz werden zwar nur die genannt, „qui sciunt"; da indessen dem scit das scire debet auch sonst gleichsteht, so würde man an sich auch hier alle ohne iusta causa irrenden und glaubenden den nicht irrenden und wissen= ben gleichzustellen haben. Diese Interpretation ist in den Worten des Gesetzes so unmittelbar begründet, daß, wenn wir das Gesetz allein hätten, man sie unbedingt annehmen müßte. Nun findet sich aber in Ulpians Commentare zu dem Gesetze ganz entschieden eine andere Interpretation. Ulpian interpretirt in L. 25 §. 2 die Worte

„eos qui bona invasissent, cum scirent ad se non pertinere" und sagt dabei in Betreff des „cum scirent":

Scire ad se non pertinere hereditatem utrum is tantummodo videtur, qui factum scit an et qui in iure erravit (putavit enim, recte factum testamentum cum iuntile erat; vel cum eum alius praecederet agnatus, sibi potius deferri); et non puto, hunc esse praedonem, qui dolo caret, quamvis in iure erret.

Hier wird ganz entschieden der Rechtsirrthum dem scire entgegen= gesetzt, der Rechts=unwissende dem wissenden nicht gleich behandelt, weil er dolo caret, also weil er nicht die Absicht des Unrechts hat, und darum kein „praedo" sei. Nicht zu bezweifeln ist auch, daß der factische Irrthum, auch der unentschuldbare, nicht schlimmer als der Rechtsirrthum behandelt werden darf. Eben so wenig zu bestreiten ist auch, daß im weiteren Verlaufe die wissenden und die irrenden als malae und bonae fidei possessores bezeichnet werden. Insofern scheint Wächters Theorie hier eine vollständige Bestätigung zu finden. Allein bei allem Respecte vor Ulpians Auctorität läßt sich denn doch das offenbar gar nicht verkennen, daß seine Interpretation den Worten des Gesetzes, und dessen Gegensatze von denen, „qui scirent" und benen „qui iustas causas habent, quare existimassent", nicht ent= spricht. Denn daß zwischen dem bloßen thatsächlichen scire und dem iustam causam habere existimandi noch eine Kluft ist und eine Mittelstufe von benen die sine iusta causa existimant, daß der logische Gegensatz von dem gerechtfertigten Glauben nicht das Wissen, sondern zunächst der ungerechtfertigte Glaube ist, das ist eine so absolute logische Wahrheit, daß selbst Ulpians Auctorität sie nicht beseitigen kann. Dazu kommt, daß Ulpian auf die andere Seite des Gegen= satzes, die iustae causae existimandi, gar nicht eingeht, was doch nach dem sonstigen Verhältnisse des dolus zu lata culpa und Rechts= irrthum besonders nöthig gewesen wäre. Dies alles muß den Ge= banken nahe legen, daß irgend eine besondere Rücksicht den Grund zu Ulpians Interpretation bildet. Wächter (S. 89) erklärt sie dar= aus, daß es an einer andern Stelle des Senatusconsultes einfach heißt „qui se heredes esse existimant", danach habe man einfach scire und existimare einander entgegengesetzt. Allein man sehe sich die Stelle etwas genauer an: Das SC. war durch einen besondern Fall, die Erbschaft eines gewissen Rusticus veranlaßt; danach heißt es im Eingange des Gesetzes:

8*

Cum, antequam partes caducae ex bonis Rustici fisco pete-
rentur, hi, qui se heredes esse existimant, hereditatem distra-
xerint, placere, redactae ex pretio rerum venditarum pecuniae
usuras non esse exigendas, idemque in similibus causis ser-
vandum.

Hier wird also der dem Senate vorliegende Fall kurz referirt,
und daran eine concrete Verfügung für denselben geknüpft. Wenn
nun dabei das Factum kurz mit „qui existimant" bezeichnet wird,
nachher aber bei einer ganz andern Frage und einer allgemeinen
Bestimmung gefordert wird: qui iustam causam habent, quare existiment, so darf man doch offenbar nicht das zweite aus dem ersten
interpretiren und die iusta causa existimandi einfach für bedeutungslos
erklären, sondern nach gewöhnlichen Interpretationsgrundsätzen könnte
man höchstens umgekehrt die iusta causa aus dem zweiten auch bei
dem ersteren, wenigstens für die „similes causae", suppliren. Auch bei
Ulpian ist davon keine Spur, daß er die iusta causa der zweiten Bestimmung wegen des „qui existimant" der ersten für bedeutungslos
erklärt hätte. Eben so wenig hat er freilich die iusta causa aus
der zweiten in die erste hereingezogen. Er behandelt dieselbe vielmehr ganz selbständig und hält sich dabei einfach an die Worte, indem er in L. 20 §. 12 sagt:

Haec adversus bonae fidei possessores, nam ita senatus locutus
est: „eos qui se heredes existimassent"; caeterum si quis
sciens, etc.

Der Anhalt zur Erklärung der auffallenden Interpretation der
zweiten Bestimmung liegt daher nur in dem Grunde, den Ulpian für
seine Entscheidung angiebt:

non puto, hunc esse praedonem, qui dolo caret.

Wie kommt er dazu, den Begriff des „praedo" zur Bestimmung
des Inhalts des Gesetzes zu benutzen, da dieses selber doch in seinem
ganzen Verlaufe den Ausdruck praedo kein einziges Mal gebraucht?
Die Erklärung ergiebt sich einfach aus dem Zusammenhange von
Ulpians ganzer Darstellung der hereditatis petitio, von der die Interpretation des Senatusconsultes nur einen Theil bildet.

Er geht in L. 9 von dem bekannten alten Satze aus, daß bei
der Erbschaftsklage „eum demum teneri, qui vel pro herede vel pro
possessore possidet". Den Unterschied zwischen beiden bestimmt er
aber in L. 11—13 so:

Pro herede possidet, qui putat se heredem esse. —
Pro possessore possidet praedo, qui — nec contendet se heredem, vel per mendacium, nec ullam causam possessionis
possit dicere, et ideo fur et raptor petitione hereditatis tenentur.

Praedo ift nun aber keineswegs jeber malae fidei possessor,
fonbern nur, wie ber fur et raptor, ber eigenmächtige Occupant; benn
nach L. 18 §. 8 ift ber, welcher „sciens alienam emit hereditatem",
nicht praedo, weil „nemo praedo est, qui pretium numeravit."
Auf biefen allgemeinen Unterfchieb bes Befitzers pro possessore unb
pro herede, alfo bes praedo unb beffen qui putat se heredem, rebu=
cirt Ulpian nun auch bie Unterfcheibung bes SC. Juventianum.
In ber L. 25 §. 3—5, eben ben Stellen, bie bem in Frage ftehenben
§. 6 voraufgehen, fagt er zunächft:

Quod ait senatus: „eos qui bona invasissent", loquitur de
praedonibus, i. e. de his, qui cum scirent, ad se non pertinere
hereditatem, invaserunt bona, scilicet cum nullam causam
haberent possidendi.

Damit ift alfo ganz ber obige Begriff bes praedo als possessor
pro possessore fubftituirt, unb biefer wirb benn auch in §. 5 ber
weiteren Ausführung ganz zu Grunbe gelegt:

De eo autem loquitur senatus, qui ab initio mente praedonis res hereditarias apprehendit; quodsi ab initio causam
habuit adipiscendae possessionis, postea vero conscius, ad se
nihil hereditatem pertinere, praedonis more versari coepit,
nihil senatus loquitur, puto tamen et ad eum mentem senatus
consulti pertinere.

Dem entfprechenb nimmt Ulpian nun auch für bie anbere Alter=
native bes Senatusconfults als Gegenfatz bes praedo einfach feinen
allgemeinen Begriff von possessor pro herede, nämlich ben „qui
putat se heredem esse". Dabei kann es bann natürlich nur noch
auf bas factifche „glauben" ankommen, ohne weitere Rückficht auf
bie „iustae causae, quare existiment", auf Rechtsirrthum u. f. w.
Die auffallenbe Argumentation aus bem Begriffe bes praedo ift
bamit von felber erklärt. Den Worten bes Gefetzes war bies nun
freilich keineswegs gemäß, inbeffen wurbe baffelbe baburch mit ber
althergebrachten Unterfcheibung bes possessor pro herebe unb pro
possessore in eine einfachere Harmonie gebracht, unb bas mag Ulpian
auch wohl mit bewogen haben, es mit ben Worten „qui iustam etc."

nicht so genau zu nehmen. Auffallend wäre es immer, wenn er sich gar nicht darüber ausgesprochen hätte, indessen ist das auch nicht wahrscheinlich, vielmehr sind seine Aeußerungen darüber nur von Justinians Compilatoren einfach weggelassen. Man erkennt die Lücke sehr deutlich. Er leitet in L. 20 §. 5 nach der Anführung der Worte des Senatusconsultes seine Interpretation desselben mit den Worten ein:

Aptanda est igitur nobis singulis verbis senatus consulti congruens interpretatio.

und schließt sich demgemäß in der langen Ausführung von L. 20 §. 6 bis L. 25 §. 10 fortwährend genau an die einzelnen Worte an, bis zu den Worten, wonach die „qui scirent" haften sollen, „quasi possiderent". Dann aber hört dies mit einem Male gerade da auf, wo die Worte „eos autem qui iustam causam" etc. kommen sollten. In §. 10 werden noch die Worte quasi possiderent erklärt, dann aber heißt es in §. 11 plötzlich ganz unvermittelt: Consuluit senatus bonae fidei possessoribus, ne in totum etc. Es wird zwar die Beschränkung der Klage auf die Bereicherung ausgeführt, aber der Anhalt an die Worte des Gesetzes, und namentlich eine Aeuße= rung über die iustae causae fehlt gänzlich. Es ist das um so auf= fallender, weil die Worte „eos autem qui iustam" etc. die einzigen,[1]) von dem langen Gesetze sind, für die sich keine „congruens inter- pretatio" findet. Offenbar ist zwischen §. 10 und 11 eine große Lücke und eine Menge gestrichen. Was da gestanden haben mag, ist nicht zu errathen, aber so viel ist jedenfalls klar, daß diese Identi= ficirung des Unterschiedes von bonae und malae fidei possessor mit dem von possessor pro herede und pro possessore oder praedo, die hiernach bei der hereditatis petitio von den Römern angenommen ist, keineswegs für die allgemeine Bestimmung des Begriffes von bona und mala fides und bonae und malae fidei possessio maß= gebend sein kann. Daß der Begriff des malae fidei possessor um= fassender ist, als der des praedo, ist schon nach der L. 13 cit. außer Zweifel,[2]) und daß die bon. fid. possessio bei der Publiciana und

---

[1]) Im Gesetze kommt zwar hinter ihnen noch ein Schlußsatz „Petitam autem" etc., allein diesen hat Ulpian schon in L. 20 §. 11 anticipirt.

[2]) Die Stelle ist in L. 126 de R. J. wiederholt. Der Unterschied von praedo und mal. fid. poss. ist längst anerkannt. Cuiac. ad L. 126 cit. Obs.

ähnlichen Klagen, und beim Fruchterwerb u. a. nicht ohne iusta causa sein darf, ist eine bekannte Sache.[1]

Damit erledigt sich auch die Frage, welche Bedeutung die L. 25 §. G für den Einfluß des Rechtsirrthums auf die bona fides habe. Ulpian geht von dem Begriffe des praedo aus, identificirt diesen mit malae fidei possessor und setzt ihm alle anderen Besitzer als bon. fid. pos. gegenüber. Da er nun den praedo mit dem fur und raptor auf gleiche Stufe stellt, so versteht sich, daß, wie ein furtum nicht ohne animus furandi, so auch ein praedo nicht ohne animus praedandi angenommen werden kann, und daß dieser daher wie jener durch jeden Irrthum, auch den rechtlichen, ausgeschlossen wird. Für den Begriff der bona fides in andern Verhältnissen folgt daraus nichts. Wie man auch bei uns wohl einmal einfach Spitz=buben und ehrliche Leute unterscheidet, darum aber auch nicht all=gemein Jeden, der nicht geradezu stiehlt, für einen redlichen Mann erklärt, so kann man auch daraus, daß die Römer bei der Occupation von Erbschaften einfach praedones und bonae fidei possessores unterscheiden, nicht folgern, daß sie allgemein das ganze Wesen der bona fides nur darin gesetzt hätten, daß man kein praedo sei. Der Begriff der bona fides kann eben, wie im Deutschen der der Red=lichkeit, in einem höheren oder niederen Grade genommen werden, wie bereits oben S. 15 und S. 75 begründet ist. Ein anderer Fall, wo bei einem Verbrechen bona fides als Gegensatz des dolus nur vom factischen Glauben abhängig gemacht ist, ist L. 3 ad leg. Fabiam:

Legis Fabiae crimine suppressi mancipii bona fide possessor non tenetur, i. e. qui ignorabat, servum alienum et[2] qui voluntate domini putabat id agere. et ita de bona fide possessore ipsa lex scripta est; nam adicitur: „SI SCIENS DOLO MALO HOC FECERIT."

_____

18, 25. Faber, de err. pragm. 26, 9, 20, 21. Auch die L. 13 de noxal. die Wächter dagegen anführt, stellt beide nicht gleich, sondern hebt nur den praedo als den crassesten Fall der m. f. poss. hervor.

[1] Backe, bon. fid. poss. quemadm. fructus suos faciat. p. 47—8.

[2] Dieses „et" kann natürlich nicht conjunctiv, sondern nur disjunctiv statt aut, verstanden werden.

§. 16. Die Rechtsbelehrung.

Die letzte Frage ist noch, ob von dem Principe, daß der Rechts=
irrthum die Annahme der bona fides und die Ersitzung ausschließt,
Ausnahmen zu machen sind, wenn der Irrthum im einzelnen Falle
wegen fehlender oder falscher Rechtsbelehrung entschulbbar erscheint.
Es ist dabei zunächst die Entschulbbarkeit des Rechtsirrthumes über=
haupt genauer zu bestimmen. Sie wird von den Römern im All=
gemeinen angenommen, wenn Jemand weder „sua prudentia in-
structus" ist, noch „copiam JCti" [1]) hat. Beides wird wiederholt
einander gleichgestellt, indem eine „scientia" geforbert wird, „quam
quis aut per se habeat, aut consulendo prudentiores assequi potest." [2])
Also: wer keine Rechtskenntniß hat, soll prudentiores fragen; wer
selber Kenntniß hat, kann sich darauf verlassen. Dabei wird aber
ausdrücklich hervorgehoben, daß man nicht zuviel verlangen dürfe.
Es heißt in der L. 10 cit.:

> Scientiam non hanc accipi quae iuris prudentibus sit, sed eam,
> quam quis aut per se habeat, aut consulendo prudentiores
> assequi potest.

und in der L. 2 §. 5:

> Scientiam observandam, non quae cadit in iuris prudentes,
> sed quam quis aut per se aut per alias assequi potuit, scilicet
> consulendo prudentiores.

In beiden Stellen sind die „prudentiores" offenbar noch nicht die
„prudentes", b. h. die „quibus permissum est iura condere", [3])
sondern eben nur solche, die prudentiores sind, als der Quärent,
also einfache Rechtsverständige, Abvocaten, Richter u. dgl. Der
Rechtsirrthum wird also schon entschulbigt, wenn man entweder einen
prudentior fragte, oder selbst zu den prudentiores gehört. Die
Verschuldung beim Rechtsirrthum liegt also insofern nur darin, daß,
wenn man nicht selber Kenner ist, man nicht einen Kenner fragt,
so daß also, wie es in L. 9 §. 3 cit. heißt, nur dem, „cui facile
sit scire, ei detrimento sit iuris ignorantia". Daraus folgt, daß,
wenn der prudentior selber im Rechtsirrthume ist, also eine falsche
Belehrung giebt, dieses nicht weiter schadet, und zwar ohne Unter=

---

[1]) L. 9 §. 3 de iur. ign.
[2]) L. 10 de bon. poss. L. 2 §. 5 quis ordo. (38, 15).
[3]) §. 8 J. de iure natur.

schied, ob er in einer eigenen Sache irrt, oder bei einer Befragung
von einem Dritten.

Soll dieses nun auch für die Usucapion und die bona fides gel=
ten? Jeder wird sich sagen, daß das ein heilloses Resultat geben
würde! Es ist schon oben im Gutachten S. 13 u. 54 ff. gezeigt, wie leicht
es für einen „prudentior", namentlich einen geschickten Advocaten
ist, ein gewünschtes practisches Ziel durch Rechtsbeductionen zu be=
gründen, und wie es ihm dadurch vollständig in die Hände gegeben
wäre, bei streitigen Rechtsfragen jederzeit, sei es für sich selber oder
einen Clienten, die nöthige bona fides selber zusammen zu con=
struiren und sich oder seinem Clienten einzureden. Soll das mög=
lich sein, und will man das noch bona fides nennen?

Die Römer haben ein besonderes gesetzliches Verbot dagegen
nicht für nöthig gehalten, sondern den Schutz einfach aus der Natur
des Rechtsirrthums einerseits und der Ersitzung und der bona fides
andererseits abgeleitet, nämlich durch das Princip der L. 7 und 8
de iur. ign. mit seiner Unterscheidung zwischen Erwerb und Verlust.
Dieses ist tief in der Natur der Verhältnisse begründet und ganz
wesentlich hier herein zu ziehen. Danach gestaltet sich dann aber die
Bedeutung der Rechtsbelehrung wesentlich verschieden.

Von jeher hat man eingesehen, daß die Entschuldigung durch
fehlende oder falsche Belehrung nicht gleichmäßig für beide Fälle
zulässig sein kann. Denn wenn beim Erwerb (in compendiis) nur
der entschuldbare Irrthum nützen und beim Verluste (in damnis) nur
der unentschuldbare schaden soll, so wäre das Resultat, daß der ent=
schuldbare in beiden Fällen, der unentschuldbare in keinem von
beiden berücksichtigt würde. Dann würden aber eben beide Fälle
überhaupt gleich behandelt, und der Unterschied zwischen ihnen ganz
aufgehoben. Will man diesen also festhalten, so muß man irgend
einen Unterschied in Betreff der Entschuldbarkeit nothwendig statuiren.

Früher nahm man meistens an, auf die Entschuldbarkeit des
Irrthums müsse nach der allgemeinen Fassung der L. 9 §. 3 cit. stets
Rücksicht genommen werden, also auch bei reinem Gewinn, und folg=
lich müsse man bei Verlusten nothwendig auch den nicht entschuld=
baren Irrthum zulassen. Allein diese Ansicht ist entschieden falsch.
Denn daß der unentschuldbare Irrthum auch bei Verlusten nicht zu
berücksichtigen sei, ist zu bestimmt gesagt. Schon der allgemeine
Satz der L. 9 cit.: „ut cui facile sit scire, ei detrimento sit iuris

ignorantia", schließt die Fälle von Verlusten unabweisbar in sich, und demgemäß beziehen sich auch die einzelnen daneben angeführten Beispiele nur auf Verluste, nämlich Darlehne an Haussöhne, Verlust der Quarta Falcidia, Versäumniß von Erbschaftsfristen. Ausdrücklich ist es außerdem in den beiden oben S. 120 angeführten Stellen (L. 10 und L. 2) gesagt, die beide von Versäumniß der Fristen der bonorum possessio sprechen.

Demnach kann der Unterschied in der Behandlung des Rechtsirrthums bei Erwerb und Verlust nur darin bestehen, daß bei ersterem das Grundprincip, Rechtsunkenntniß könne Niemandem Vortheil bringen, ausnahmslos festgehalten wird, bei Verlusten dagegen Ausnahmen wegen Entschuldbarkeit der Unkenntniß zugelassen werden. Eine Bestätigung findet dies darin, daß alle Ausnahmsfälle, die die Quellen bieten, sich nur auf Verluste beziehen.[1] Die einzige Möglichkeit, das Princip der Entschuldbarkeit des Rechtsirrthumes auch beim Erwerbe zuzulassen, wäre, daß man nach dem Grade der Entschuldbarkeit unterschiede, diese also bei Erwerb nur in besonderen seltenen Fällen zuließe. Es ist dies oben im Gutachten angenommen, indessen ist die Grenze dafür nicht wohl zu bestimmen und in den Quellen ein Anhalt zu der Unterscheidung nicht gegeben, weshalb ich sie nicht aufrecht erhalten will.

Die Erklärung für diese verschiedene Behandlung des Rechtsirrthums bei Verlust und Erwerb ist nun übrigens nicht mit Wächter (der hier in der Sache selbst übereinstimmt) in einer besonderen strengen und starren Regel zu suchen, die man für den Erwerb aus irgend welchen besonderen Gründen aufgestellt hätte, sondern sie ergiebt sich einfach von selbst aus einer billigen Durchführung des natürlichen Principes, daß die Rechtsunkenntniß Niemandem Vortheil bringen darf (non prodest). Dieses führt von selbst dahin, daß man zwar bei Verlusten, nicht aber bei Gewinn Ausnahmen zuläßt.

Wenn Jemand aus Rechtsunkenntniß oder Rechtsirrthum (beides

---

[1] Weniger Gewicht möchte ich mit Vangerow (Pand. 1, 125) und Wächter (S. 111) auf die Ausdrücke „nunquam prodest," „nulli prodest" bei der Usucapion legen. Denn diese beziehen sich, wie oben S. 102 gezeigt ist, nur auf die Gegenstände des Irrthums, nicht auf seine Entschuldbarkeit, und würden daher Ausnahmen wegen Entschuldbarkeit eben so gut zulassen, wie das „cuique nocet" in dem allgemeinen Satze der L. 9 pr. cit.

steht sich gleich) in Verluste kommt, sei es durch Versäumnisse oder Handlungen, und wegen seines Irrthumes Schutz dagegen haben will, so muß man ihn unbedingt abweisen, wenn er unterlassen hat, einen Rechtsverständigen darüber um Rath zu fragen; denn das wäre eine grobe Nachlässigkeit, und gegen selbst verschuldeten Schaden zu schützen, hat das Recht keine Veranlassung [1]). Wenn er aber einen Rechtskundigen befragt hat, von diesem aber einen falschen Rath bekommen hat, so ist es billig, daß er nun in den Fällen, wo das Recht überhaupt auf Irrthum Rücksicht nimmt (was aber keineswegs überall der Fall ist), wegen seines Irrthumes gegen den Nachtheil geschützt werde. Denn er hat dann das seinige gethan, man kann ihm keine Schuld vorwerfen, und man würde ihm ja alle Möglichkeit nehmen, in solchen Fällen mit Sicherheit sich vor Schaden zu hüten. Ebenso wenn ein Rechtskundiger für sich selber hier aus guten Gründen eine Ansicht gefaßt hat.

Ganz anders ist es aber, wenn Jemand auf einen Irrthum einen Erwerb gründen will, auf den er an sich keinen Anspruch hat, und den das Gesetz nur aus Gründen des allgemeinen Verkehrsinteresses zuläßt, wie bei der Usucapion [2]). Hier muß das Gesetz zwar den Verwickelungen der factischen Lebensverhältnisse und den daraus hervorgehenden Irrungen und Täuschungen, denen man auch bei der redlichsten Umsicht unterliegen kann, Rechnung tragen, und daher wegen factischen Irrthums den Erwerb zulassen. Allein daß es dieselbe Rücksicht auch bei irrigen Rechtsansichten und Rechtsdeductionen, die man sich zu seinem Vortheile macht oder durch seinen Advocaten machen läßt, eintreten lasse, dazu ist in der That nicht der mindeste Grund weder der Billigkeit noch der Zweckmäßigkeit vorhanden. Die ganze Auslassung von Wächter darüber (S. 118—139), namentlich der Ausruf, daß es doch ein wahrer Hohn vom Gesetze sein würde, den Laien an den Rath der Rechtsverständigen zu verweisen und dann doch keinen Werth darauf zu legen, ihn vielmehr rettungslos die Folgen seines irrigen Glaubens tragen zu lassen, hat hier gar keine Kraft, sondern paßt nur auf den obigen Fall der Verluste. Wächter bricht selber seiner Ausführung die Spitze ab, da er im

---

[1]) L. 203 de R. J.: „Quod quis ex culpa sua damnum sentit, non intellegitur sentire.“

[2]) Vergl. oben S. 16.

Resultate die Ausschließung der Usucapion durch Rechtsirrthum gleichfalls und zwar sehr entschieden für eine absolute, durch keine Rechtsbelehrung zu vermeidende, erklärt. Er sieht also doch auch keine Unbilligkeit darin, daß sich der Laie gegen die Folgen seiner Rechtsunkenntniß hier durch keine Gutachten retten kann. Es ist das auch ganz natürlich. Denn Erwerb und Vortheil mit dem Schaden eines andern vom Gesetze zu bekommen kann Niemand verlangen, und darum kann sich Niemand beklagen, wenn das Gesetz dies in Schranken einschließt, die ihn im einzelnen Falle davon ausschließen. Das Urtheil über die Rechtmäßigkeit von eines Jeden Handlungen steht nur dem Richter zu, und daß die Illusionen, die sich Jemand selber zu seinen Gunsten über das Recht macht, im Stande sein sollten, seine Lage dem Verlierenden gegenüber rechtlich besser zu machen, würde gegen alle Billigkeit sein.

Damit ist auch das Verhältniß des Rechtsirrthums zur bona fides gegeben. Bestände diese nur in bem factischen Glauben, so würde man Wächters Unterscheidung von Begriff und Wirkung zur Anwendung bringen müssen, d. h. man müßte dem an sich vorhandenen Glauben für den Fall, daß er auf einem Rechtsirrthume beruhe, die rechtlichen Wirkungen versagen, und müßte dies einfach auf die positiven Aus= sprüche der römischen Juristen gründen. Doch dürfte man auch dann die Regel nicht, wie Wächter meint, auf die ordentliche Ersitzung, oder gar den Putativtitel bei derselben, beschränken, sondern müßte sie bei der Allgemeinheit des Ausspruches der L. 7 und 8 citt. jeden= falls allgemein und daher auch bei der außerordentlichen Ersitzung zur Anwendung bringen, wie das schon oben §. 13 näher begründet ist.

So wenig indessen banach durch die Scheidung von Begriff und Wirkung im Resultate geändert würde, so wenig kann man doch ihre innere Begründung zugeben. Bei einem Rechtssysteme, das so wenig auf vereinzelten rein positiven Sätzen beruht, sondern fast ganz aus dem inneren Zusammenhange der Begriffe entwickelt ist, wie das römische, und namentlich hier bei den Grundsätzen über Ersitzung, Irrthum und bona fides, ist eine solches Zerschneiden und Isolíren der einzelnen Begriffe und Regeln nur selten zulässig. Wenn daher, wie oben §. 14 gezeigt ist, in einzelnen Fällen entschieden keine bona fides bei Rechtsirrthum angenommen ist, so ist der innere Zusammenhang beider Begriffe damit zur Genüge bestätigt. Er er= giebt sich auch von selber ganz allgemein, sobald man nur das Wesen der bona fides nicht in dem bloßen factischen Glauben sieht, sondern in der wahren mit Ueberlegung verbundenen Redlichkeit. Es ist dabei in der Ausführung die ordentliche Ersitzung von der außerordentlichen zu trennen. Das Verhältniß ist zwar an sich bei beiden dasselbe, doch gestaltet es sich procesſualisch bei der einen etwas anders als bei der andern.

Bei der ordentlichen Ersitzung, wo man einen bestimmten Rechtsgrund oder Titel für seinen Besitz angeben muß, fordert die zur bona fides nöthige Ueberlegung stets, daß man vor allem die gesetzliche Rechtmäßigkeit des Titels nach seinen verschiedenen Seiten in Erwägung ziehe. Wer das unterläßt oder in leichtfertigem Eigennutze leicht nimmt, und ohne weiteres die ihm günstige Ansicht glaubt oder sich von andern einreden läßt, handelt schon darum nicht redlich. Wenn das Gesetz schon bei Verlusten ja selbst bei Delicten sagt, wer das Gesetz nicht kenne, werde dennoch dem gleich geachtet und behandelt, der es kennt, so muß dieses hier um so mehr zur Anwendung kommen, wo gar keine Nothwendigkeit stattfindet, daß Jemand etwas erwerbe, wo das Gesetz vielmehr nur dem gesetzmäßig handelnden den Irrthum über die unerkennbaren factischen Verwickelungen der Lebensverhältnisse nachzusehen Veranlassung hat. Wenn sich aber bei unbefangener Erwägung herausstellt, daß die in Frage stehenden Rechtssätze zweifelhaft und bedenklich sind, so fordert die Redlichkeit weiter, ja um so mehr, daß man sich sage, daß ein sicherer und zweifelloser Erwerb hier nicht möglich ist. Ein jeder muß sich sagen, daß seinen Rechtsdeductionen die seines Gegners direct entgegenstehen, daß der Richter allein darüber zu entscheiden hat, und daß er daher kein Recht hat, die seinigen ohne weiteres absolut für die richtigen zu halten. Thut er es, so ist das seine Schuld und kein wahrhaft redliches Verhalten, wodurch er besondere Rechte erwerben könnte. Wohl mag man im Vertrauen und in der Hoffnung auf die Richtigkeit seiner Ansichten den Besitz an sich nehmen und die Geltendmachung der fremden Ansprüche erwarten, allein ehrlicher Weise muß man sich die mögliche Unrichtigkeit seiner Rechtsansichten und daß man eventuell kein Recht habe, dabei sagen und natürlich darum auch den Besitz nur mit dem Gedanken und der Absicht ergreifen, nicht gegen die Gesetze fremdes Eigenthum sich aneignen vielmehr eventuell das fremde Gut seinem Herrn wieder herausgeben zu wollen. Wer anders denkt und handelt, und in eigennütziger Verblendung sein nur mögliches Recht für absolut sicher ansieht, handelt nicht wahrhaft redlich und das Gesetz hat keinen Grund, bei einem solchen Besitzer von seinem sonstigen Principe, daß der im Recht irrende den wissenden gleich geachtet werde, abzugehen. Wenn er auch noch so sehr von der Richtigkeit seiner Ansichten überzeugt ist, — das kann nicht entscheiden; denn die Ueberzeugung wird stets um so fester sein, je eigennütziger und verblendeter er einerseits ist, und je weniger er andrerseits von der Sache versteht; „de improbitate sua" aber soll Niemand Rechte erwerben [1]), und auch das darf nicht sein, daß, wie die Römer das einmal in ihrer drastischen Weise ausdrücken [2]), „melioris conditionis sint stulti quam periti."

Man sage nicht, bei diesem Standpunkte sei überhaupt gar keine Ersitzung möglich, denn denselben Maßstab könne man eben so gut auch beim Irrthume über Thatsachen anlegen. Das Gesetz steht fest und objectiv über allen Thatsachen mit der Bedeutung, daß alle Thatsachen aus ihm ihren bestimmten rechtlichen Charakter der Rechtmäßigkeit oder Unrechtmäßigkeit bekommen, und danach jederzeit unbedingt und sicher und in allen Fällen gleich beurtheilt werden müssen. Allerdings können bei der ideellen Natur des Rechts im einzelnen subjective Zweifel und Differenzen über den wirklichen Inhalt des einzelnen Gesetzes sein, allein nur Eines ist Recht, und was das ist, das hat nur der Richter zu entscheiden. Die Thatsachen sind dagegen ihrer Natur nach nichts festes, sondern dem Zufall und der Veränderlichkeit unterworfen. Allerdings sind sie im concreten Falle entweder so oder so, allein wie sie sind, entscheidet eben der Zufall und nicht das Gesetz und der Richter, und darum kann und muß das Gesetz auf den thatsächlichen Irrthum eine gewisse Rücksicht nehmen, während es die Anwendung seiner eigenen Bestimmungen gleichmäßig ohne Rücksicht auf die subjectiven Ansichten und Meinungen der Parteien festhalten muß.

Eben darum können auch die Rechtsbelehrungen, die sich eine Partei über zweifelhafte Rechtssätze ertheilen läßt, an den obigen Resultaten in Betreff der bona fides nichts ändern. Es ist schon oben im Gutachten S. 56 u. 62 ausgeführt, welche Zufälligkeiten und Ein-

---

[1]) L. 12 §. 1 de furtis.
[2]) L. 4 quod vi aut clam.

seitigkeiten dabei mitspielen können. Die ganze Ausführung kann hier nur wiederholt werden, und zwar ohne die geringste Concession. [1] Darum mag ein Jeder sich zu seiner Instruction belehren lassen, allein besondere weitere Ansprüche oder Befreiung von den ihm pflichtschuldig obliegenden Erwägungen kann er darauf nicht gründen. Ob die Belehrung von einem Advocaten oder Richter oder Rechts= lehrer oder einer ganzen Facultät eingeholt wird, kann keinen Unter= schied machen, da die Wahl zwischen ihnen von Zufälligkeiten und selbst pecuniären Rücksichten abhängt. Subjectiv hat aber der Arme, der nur seinen Advocaten fragen kann, gerade ebenso viel, aber auch eben so wenig, Recht, sich darauf zu verlassen, wie der Reiche, der sich ein Facultätsgutachten einholt.

So bei der ordentlichen Ersitzung. Bei der außerordentlichen ist das alles nur insofern anders, als man hier keinen Titel für seinen Besitz anzugeben braucht, und somit auch nicht nöthig hat, seinen Erwerb auf speciell anzugebende oder wenigstens im Titel liegende Rechtssätze zu gründen. Im Uebrigen aber beruhen beide Ersitzun= gen an sich auf demselben Principe, und die Erleichterung der außerordentlichen bezieht sich außer dem Titel nur auf die Fähigkeit der Sachen. Darum müssen die allgemeinen Grundsätze vom Irr= thume und namentlich vom Rechtsirrthume und der bona fides hier grade ebenso zur Anwendung kommen, wie bei der ordentlichen. Daher muß die ganze Reihe der obigen Ausführungen auch hier hereingezogen werden, sobald der Gegner unternimmt, den Gegen= beweis der mala fides zu führen, und dabei die bestimmte Art und

---

[1] Gegen die Analogie von der Stellvertretung, die S. 56 benutzt ist, hat Wächter (§. 29.) unter anderen, weniger erheblichen, Einwendungen auch die ge= macht, daß nach der gemeinen Meinung die mala fides des Vertreters dem Do= minus nicht schade. Dieß wird allerdings meistens angenommen, allein durch keine der dafür angeführten Stellen (Vangerow, Pand. 1, 605. Windscheid, Pand. 1, §. 177. n. 6) bewiesen, auch nicht durch L. 11 pro emtore. Es widerspricht aber dem sonst geltenden Principe: „procuratoris scientiam et dolum nocere debere domino," (L. 5. pr. 14, 4) und kann daher principiell nur gelten, wenn der Ver= treter als bloße Nebenperson nur die äußere Gewalt bei der Besitznahme für den Dominus vermittelt hat, nicht auch wenn durch ihn der ganze Titel hergestellt ist, eine Unterscheidung, die wenigstens in anderer Beziehung auch Windscheid (Pand. §. 155, 1, 6) bereits geltend gemacht hat. Kann beim Kauftitel, wo die bona fides ja schon beim Vertragsabschlusse da sein muß (L 2 pr. pro emt.), die mala fides des Vertreters beim Kaufe gleichgültig sein?

ben Titel des Erwerbes, wodurch der betreffende Besitz entstanden ist, seinerseits zu beweisen im Stande ist. Unredlichen Erwerb soll auch die außerordentliche Ersitzung nicht schützen, und was unredlich sei, das kann hier nicht anders als bei der ordentlichen Ersitzung bestimmt werden. Darum ist innerlich durchaus kein Grund, den Rechtsirrthum hier irgendwie anders als dort zu beurtheilen, und daß auch die äußeren positiven Gründe für die Gleichheit sind, ist bereits oben §. 13 ausgeführt. Man darf auch nicht etwa entgegenhalten, daß dadurch die außerordentliche Verjährung zu sehr beschränkt, und in ihren wohlthätigen Wirkungen zu sehr geschmälert werde. Denn man darf nicht vergessen, daß diese wohlthätigen Wirkungen immer nur auf Kosten des Einzelnen, der sein Eigenthum und sein Recht verliert, erreicht werden, und gerade der vorliegende Rechtsfall zeigt, wie leicht die Geltendmachung eines Rechtes durch unglückliche Zufälligkeiten lange verzögert werden kann. Die Complication der Thatsachen muß zwar ein Jeder tragen, aber wenn es sich nur um die Anwendung von Recht und Gesetz auf die Thatsachen handelt, dann darf die Zeit kein Hinderniß bilden, vielmehr muß dann die Regel „acquirere volentibus iuris ignorantia non prodest" ohne alle Zeitgrenze gelten, nach dem deutschen Sprichworte: „Hundert Jahre Unrecht machen keine Stunde Recht."

Ex. J. L.

Druck von Troitzsch & Osterlag in Berlin.